中国经济文库·应用经济学精品系列（二）

本书得到国家社科基金一般项目（项目号：15BJL081）和
对外经济贸易大学学术创新团队（CXTD7-05）的资助

李玉梅◎著

世界经济结构变迁中的外商撤资与风险控制

Foreign-Invested Enterprises Divestment and Risk Control on the Structure Changes in the World Economy

中国经济出版社
CHINA ECONOMIC PUBLISHING HOUSE
北京

图书在版编目（CIP）数据

世界经济结构变迁中的外商撤资与风险控制／李玉梅著.
北京：中国经济出版社，2017.5
ISBN 978-7-5136-4693-2

Ⅰ.①世… Ⅱ.①李… Ⅲ.①外资企业—投资—风险管理—研究—中国 Ⅳ.①F832.6

中国版本图书馆 CIP 数据核字（2017）第 075337 号

责任编辑　彭　欣
责任印制　巢新强
封面设计　华子设计

出版发行　中国经济出版社
印 刷 者　北京九州迅驰传媒文化有限公司
经 销 者　各地新华书店
开　　本　710mm×1000mm　1/16
印　　张　12
字　　数　148 千字
版　　次　2017 年 5 月第 1 版
印　　次　2017 年 5 月第 1 次
定　　价　48.00 元
广告经营许可证　京西工商广字第 8179 号

中国经济出版社 **网址** www.economyph.com **社址** 北京市西城区百万庄北街 3 号 **邮编** 100037

本版图书如存在印装质量问题，请与本社发行中心联系调换（联系电话：010-68330607）

前　言

中国依赖改革开放，成功实现了经济起飞，成长为世界第二大经济体。吸收外商直接投资是中国对外开放的重要内容。自1993年以来，中国吸引外商直接投资一直居发展中国家首位。自2008年以来，一直居全球前三位，2014年还居全球首位。截至2016年底，全国累计吸引外资已经超过1.77万亿美元。为培育吸引外资的环境，中国努力推进市场化、法制化进程，遵循国际经贸惯例和规则。近年来，我国利用外资倒逼国内改革，促进了社会经济全面进步；外商投资在弥补中国工业化进程中的资本缺口、扩大对外贸易规模、推进工业化进程、增加就业、促进技术进步和经济结构升级等方面，发挥着独特的功能。2015年，在全国进出口贸易、工业产值、税收收入、城镇就业中，外资企业占比分别达到46%、25%、20%、14%。同时，外资也分享着中国经济成长中的红利，获得了丰厚回报。

近年来，中国吸收外商直接投资的环境发生了变化。就国内经济环境而言，国民经济进入“新常态”：要素成本上升，传统竞争优势弱化，潜在增长率下降，经济增速放缓，从高速增长转为中高速增长；经济结构不断优化升级，第三产业消费需求逐步成为主体，城乡区域差距逐步缩小，居民收入占比上升，发展成果惠及更广大民众，新的竞争优势在积聚；经济增长模式正从要素投入驱动的粗放型增长模式逐步向创新驱动的集约型增长模式转变。外商投资面临着中国经济“新常态”

下国内市场需求规模持续扩大和消费结构变迁、经济结构转型升级、创新发展和深化改革开放的挑战和新机遇。就外部环境而言，全球贸易和投资增速放缓，经济低迷，复苏乏力，虽然有智能制造、互联网和信息技术、新材料等领域的技术创新发展，但尚未形成新的技术革命的明确突破口，第四次工业革命方兴未艾，世界经济增长动力仍然不足；美国等发达国家谋求制造业回流，积极争夺国际投资，离岸外包业务萎缩，全球和区域价值链面临重构，国际投资和产业转移出现新趋向，新兴市场国家资本外流，世界经济结构面临深刻调整；新的贸易保护主义抬头，民粹主义势力上升，国际投资和经济全球化遇到挑战。

受国内劳工成本上升、原材料和能源价格居高不下、人民币汇率升值等因素影响，集中在我国沿海地区的劳动密集型外商投资企业成本上升压力增大，投资利润率下降，东部沿海地区劳动密集型制造业成本优势减弱，尤其是面向海外市场的劳动密集型外商投资企业经营困难，纷纷缩减生产线，谋求向国内中西部中心经济区以及东南亚周边国家、地区转移投资。加之世界经济复苏缓慢，欧美国家的“再工业化”引发投资回流，主要新兴经济体竞相采取政策改善投资环境，我国东部沿海地区吸收外资的区位优势正在逐渐变迁，劳动密集型制造业外商直接投资外移的趋势凸显。

尽管中国沿海地区外商投资未出现大规模集中撤离现象，FDI 转移更多体现在劳动密集型制造业生产环节，但是，东部沿海地区吸收 FDI 的区位优势正在逐渐变迁，劳动密集型制造业 FDI 外移渐成趋势。

目前，我国沿海地区正进入传统产业大规模转移阶段，未来 5 年，产业转移的速度会加快，规模会继续增大。这是制造业全球第四次产业转移的开端，也是全球化继续发展的大势所趋和模式再现。日韩等国的经验显示，大规模的产业转移发生在人均 GDP 1 万美元的阶段。2013

年我国人均 GDP 平均为 6788 美元，沿海地区超过 1.1 万美元。目前，我国沿海地区产业转移以向内地转移为主，向海外转移的趋势初显，这两种转移都各有问题，应谨防其不利影响。

我国沿海地区外商投资企业撤资、转移既是世界经济结构调整的重要表现，也是关乎我国国民经济持续稳定发展的重大问题。本书在梳理 FDI 撤资和区位转移的理论和文献的基础上，综合分析 FDI 撤资和区位转移的特点和发展趋势，归纳总结 FDI 撤资和区位转移的一般规律。通过考察不同类型 FDI 撤资与区位选择的决定因素，揭示我国沿海地区 FDI 撤资和转移的趋势。在此基础上，比较分析我国东部沿海地区与内地、周边国家、主要新兴市场不同类型 FDI 的区位优势，判断 FDI 撤资和转移的区位方向。继而，实证分析我国沿海地区 FDI 撤资、转移的趋势和影响，并构建 FDI 撤离、转移的风险预警机制。最终从国家、区域、产业、企业层面上提出应对沿海地区外商投资企业撤资和区位转移的对策。

全书分为六部分：

第一部分：全球 FDI 撤资、区位转移的特点和规律。基于后金融危机时代世界经济结构进入调整期、世界经济治理机制进入变革期、创新和产业转型进入孕育期、新兴市场国家力量步入上升期，全球生产网络（GPN，Global Production Network）尤其是东亚生产网络和价值链体系加速变革的时代背景，探讨全球不同国家、不同地区间产业转移的特点和规律；分析产业转移和国际投资环境变化引致的全球 FDI 区位结构变动趋势；归纳出全球 FDI 撤资、区位转移的一般规律。

第二部分：FDI 撤资与区位选择的决定因素分析。根据 FDI 的动机，区分不同类型 FDI，阐明不同类型 FDI 区位选择的决定因素；分析由 FDI 区位选择决定因素引致的跨国公司撤资与区位转移行为；按 FDI

区位选择决定因素考察 FDI 撤资和区位选择的模式。

第三部分：我国沿海地区 FDI 撤资、转移的特点和发展趋势。结合 FDI 区位选择的决定因素，分类探讨我国沿海地区 FDI 撤资和转移的特点；归纳沿海地区 FDI 撤资和转移的模式；揭示我国沿海地区 FDI 撤资和转移的趋势。

第四部分：我国东部沿海地区与内地、周边国家、主要新兴市场 FDI 区位优势比较。结合决定 FDI 区位选择的决定因素，分析我国吸收的不同类型 FDI 即成本寻求型、市场寻求型、资源寻求型、技术寻求型、政策寻求型 FDI 区位优势的变化；对比分析我国沿海与内地不同类型 FDI 的投资环境；运用联合国贸易和发展会议（UNCTAD, United Nations Conference on Trade and Development）相关指标体系的基础上，采用标准化的方式，对比分析我国沿海地区与周边国家、主要新兴市场不同类型 FDI 的投资环境；对比分析我国内地与周边国家、主要新兴市场不同类型 FDI 的投资环境；归纳我国沿海地区、内地、周边国家和主要新兴市场 FDI 区位优势差异，进一步研判我国沿海地区不同类型 FDI 撤资、转移的区位方向。

第五部分：我国沿海地区 FDI 撤资和转移的动因分析。通过结构方程模型（SEM）研究撤资决策与其影响因子之间的内在关系，首先构建线性方程系统的结构方程模型，优化该模型探寻撤资动因之间的因果关系，运用 EQS 6.1 统计软件，结合沿海地区“跨国公司撤资决策的影响因素”调查数据，对我国东部沿海跨国公司撤资的影响因素进行分析，探索撤资动因与撤资决策之间的微观传导机理及内在结构，为中国预警与应对撤资风险提供理论参考。

第六部分：应对外商投资撤资和转移的对策。根据 FDI 区位选择决定因素和这些决定因素的变化，建立 FDI 撤离、外移的风险预警机制；

从国家层面提出应对沿海地区 FDI 撤离和区位转移的战略措施；从区域层面提出沿海地区产业升级、内地承接沿海 FDI 转移的对策；从产业层面提出应对沿海地区 FDI 撤离和区位转移的对策；从企业层面提出在沿海地区 FDI 撤离、转移背景下延伸价值链和提升价值链层次的策略。

本书采用比较分析、案例研究、问卷调查、实证分析等研究方法。

比较分析：通过对我国沿海地区、内地、周边国家和主要新兴市场投资区位优势变化的比较分析，得出哪些地区对 FDI 更具吸引力的结论。

案例研究：选取典型外商投资企业撤资和投资转移案例进行研究，动态考察外商投资企业撤资和转移的动因与影响。

问卷调查：在对沿海地区外商投资企业实际调研的基础上，设计、发放问卷进行较大范围的调查，然后进行规范统计分析，为确定沿海 FDI 类型，以及不同类型 FDI 撤资、转移的趋向提供依据。

实证分析：利用统计数据进行定量分析，采用标准化的方式，对比分析我国沿海地区与周边国家、主要新兴市场不同类型 FDI 的投资环境；构建线性方程系统的结构方程模型，对我国东部沿海跨国公司撤资的影响因素进行分析。

本书的研究特色在于：第一，从东道国角度分析不同类型 FDI 撤资、转移的决定因素，建立 FDI 撤资、转移的多因素分析框架，揭示 FDI 撤资和转移的趋势，可以弥补国际投资理论主要以投资国为研究对象分析 FDI 区位选择的不足，完善 FDI 撤资和区位选择理论。第二，首次运用较大规模的调查问卷摸清了沿海地区外商投资企业撤资状况，构建线性方程系统的结构方程模型，结合影响 FDI 区位选择的因素，实证测度我国东部沿海跨国公司撤资的影响因素，对我国沿海地区、中西部地区、周边国家和新兴市场投资环境进行评估，建立 FDI 撤离、转移的风险预警机制，为政府和企业提供决策依据。

由于世界经济结构尚处于调整重构之中，美国总统特朗普推动制造业回流的政策措施及其效果尚不清晰，世界各国的外商投资政策和引资环境不断变化，中国依靠制度和政策创新培育吸收外商投资新优势的实践在发展，中国的FDI在结构升级中增量扩张与存量调整并存，FDI撤离现象尚待进一步观察研究，加之本人水平有限，书中观点难免错误，恳请读者包涵。

目 录

第1章　导论

1.1　选题的意义

受国内劳工成本上升、原材料和能源价格居高不下等因素影响，集中在我国沿海地区的劳动密集型外商投资企业成本上升压力增大，投资利润率下降，东部沿海地区劳动密集型制造业成本优势减弱，尤其是面向海外市场的劳动密集型外商投资企业经营困难，纷纷缩减生产线，谋求向国内中西部中心经济区以及东南亚周边国家、地区转移投资。加之世界经济复苏缓慢，欧美国家的“再工业化”引发投资回流，主要新兴经济体竞相采取政策改善投资环境，我国东部沿海地区吸收外资的区位优势正在逐渐变迁，劳动密集型制造业外商直接投资外移的趋势凸显。

尽管中国沿海地区外商投资未出现大规模集中撤离现象，FDI 转移更多体现在劳动密集型制造业生产环节，但是，东部沿海地区吸收 FDI 的区位优势正在逐渐变迁，劳动密集型制造业 FDI 外移渐成趋势。

目前，我国沿海地区正进入传统产业大规模转移阶段，未来 5 年，产业转移的速度会加快，规模会继续增大。这是制造业全球第四次产业转移的开端，也是全球化继续发展的大势所趋和模式再现。日韩等国的经验显示，大规模的产业转移发生在人均 GDP 1 万美元的阶段。2013

年我国人均 GDP 为 6629 美元，沿海地区超过 1.1 万美元。目前，我国沿海地区产业转移以向内地转移为主，向海外转移的趋势初显，这两种转移都各有问题，应谨防其不利影响。

我国沿海地区外商投资企业撤资、转移既是世界经济结构调整的重要表现，也是关乎我国国民经济持续稳定发展的重大问题。本课题通过对我国沿海地区外商投资企业撤资和区位转移现象的梳理，找出外商投资企业撤资、转移的特点和规律，建立从东道国角度研究 FDI 撤资和转移问题的分析框架，可以弥补国际投资理论主要以投资国为研究对象分析 FDI 区位选择的不足，完善 FDI 撤资和区位选择理论。结合影响 FDI 区位选择的因素，实证分析沿海不同类型 FDI 区位变动的决定因素，对我国沿海地区、中西部地区、周边国家和新兴市场投资环境进行评估，预测沿海 FDI 撤资、转移的趋势和潜在影响，建立 FDI 撤资、转移的风险预警机制，提出政府、企业的应对策略，可以为宏观经济决策和企业决策提供依据。

1.2 国内外研究现状述评

跨国公司撤资和投资转移的研究始于 20 世纪 70 年代。在 20 世纪 90 年代中期以前，跨国公司撤资被看作对外直接投资前提的逆转。20 世纪 90 年代中期以后，学界开始注重研究 FDI 撤资的形成机理，探究 FDI 撤资的动因和影响因素。归纳起来，国内外对 FDI 撤资和转移的研究主要集中在撤资动因和影响因素，以及对东道国的影响等方面。

1. FDI 撤资和转移的动因和影响因素研究

目前学术界主要有三种观点。第一种观点认为公司财务状况不佳是撤资的主要动因。Boddewyn（1979）[①]、Duhaim and Grant（1984）[②]、Hamilton and Chow（1993）[③]、Siegfried and Evans（1994）[④] 和 Jagersma（2003）[⑤] 等人通过案例分析认为海外投资的子公司财务绩效差是跨国公司撤资的主要原因，其他因资源缺乏而经营不善、投资回报差、组织结构不当、缺乏竞争优势和公司内部冲突等也是影响跨国公司撤资和投资转移的原因。其中，Boddewyn（1979）的“撤资条件说”，认为企业撤资的原因可以分为三种情况：一是不再拥有竞争优势，二是企业还有竞争优势，但对外直接投资这种内部化的方法使企业不再有利可图，三是对外出口比对外投资更有利，只要满足其中一点，企业就会撤资。Hamilton and Chow（1993）则认为，导致公司作出撤资决定的原因有三个：第一，外部环境的影响，包括宏观经济环境不佳或行业不景气；第二，公司资本短缺或者涉及的业务范围广而不精；第三，公司的财务出现问题，如子公司经营不善、利润率低，影响母公司的投资战略。

第二种观点认为跨国公司战略调整是撤资和投资转移的主要动因。Davis（1974）[⑥]、Harrigan（1980）[⑦]、Clarke and Gall（1987）[⑧]、

---

① Boddewyn, J. J. Foreign and Domestic Divestment and Investment Decision: Like or unlike? [J]. *Journal of International Business Studies*, 1983, 14 (3): 23 – 36.

② Duhaim, I. M. and Grant, J. H. Factors Influencing Divestment Decision – making: Evidence from a Field Study [J] . *Strategic Management Journal*, 1984, 5 (4): 301 – 318.

③ Hamilton R. T. and Chow Y. Why Managers Divest – Evidence from New Zealand' s Largest Companies [J] . *Strategic Management Journal*, 1993, 14 (6): 479 – 484.

④ Siegfried, J. J. and Evans, L. B. Empirical Studies of Entry and Exit: a Survey of the Evidence [J] . *Review of Industrial Organization*, 1994, 9 (2): 121 – 155.

⑤ Jagersma, P. K. , van Gorp, D. M. International Divestments: An Empirical Perspective [J]. *Business Horizons*, 2003, 46 (6): 61 – 70.

⑥ Davis, J. V. The Strategic Divestment Decision [J] . *Long Rang Planning*, 1974, 7 (1): 15 – 18.

⑦ Harrigan, K. R. Strategies for Declining Business [M] . Lexington: Lexington Books, 1980.

⑧ Clarke, C. J. , Gall, F. Planned Divestment: A Five – Step Approach [J] . *Long Range Planning*, 1987, 20 (1): 17 – 24.

Markides（1995）①、Benito（2005）② 等将 FDI 撤资和投资转移看作是跨国公司经营战略调整的需要。为了支持这个观点，国内学者也做了大量关于国际化区域转移和产业转移方面的研究。毛蕴诗、蒋敦福、曾国军（2005）③ 通过对若干日本、美国跨国公司在华投资企业的撤资案例分析，指出经营不善导致的巨额亏损是跨国公司撤资最直接的原因，市场估计和产品策略的失误是合资失败直至撤资的原因。吕波和王水娟（2007）④ 从产业演变的角度，研究了产业集中度、产业生命周期及产业成长率对跨国公司撤资决定的影响，认为产业演变会对跨国公司撤资决定产生影响。

第三种观点认为东道国的宏观经济环境与政策的变化是 FDI 撤资和投资转移的主要动因。持此种观点的学者们认为跨国公司对东道国的宏观经济环境比较敏感。当宏观环境出现不确定性，跨国公司可能考虑撤资。Dunning（1988）⑤、陈建军（2002）⑥、张燕生（2007）⑦ 认为由于东道国经济发展使要素禀赋发生变化从而导致跨国公司投资转移到其他

---

① Markides, C. Diversification, Refocusing and Economic Performance [M]. Cambrigde, MA: MIT Press, 1995.

② Benito, Gabriel R. G. Divestment and international business strategy [J]. *Journal Economic Geography*, 2005, 5 (2): 201-234.

③ 毛蕴诗，蒋敦福，曾国军. 跨国公司在华撤资——行为、过程、动因与案例 [M]. 北京：中国财政经济出版社，2005.

④ 吕波，王水娟. 产业演变对跨国公司撤资的影响研究 [J]. 求索，2007 (10): 32-33.

⑤ Dunning, J. Eclectic Paradigm of International Production: A Restatement and Some Possible Extensions [J]. *Journal of International Business Studies*, 1988, 19 (1): 1-31.

⑥ 陈建军. 中国现阶段的产业区域转移机制及其动力机制 [J]. 中国工业经济，2002 (8).

⑦ 张燕生. 国际产业转移对中国经济的影响 [J]. 国际经济评论，2007 (6).

东道国。Belderbos and Zou（2006）[①]、Pedersini（2005）[②] 分析认为由于东道国劳工成本上升导致 FDI 投资转移到低劳工成本国家，如中国和印度。Rojec and Damijan（2008）[③]分析认为制造业中的效率寻求型 FDI 是欧盟 15 个成员国向新成员国投资转移的主要类型，并分析 FDI 撤资和投资转移对东道国就业和出口的影响。裴长洪和杨志远（2011）[④] 认为土地、劳动等要素价格的提高导致我国东部外商投资的转移。桑百川和王拾（2007）[⑤] 指出国内投资环境和外部市场环境变化的双重作用导致了我国区位优势的变化，从而促使跨国公司投资转移。关于 FDI 投资转移的影响因素，魏后凯等（2002）[⑥]、黄肖琦和柴敏（2006）[⑦]、文东伟和冼国明（2009）[⑧] 根据不同投资动机类型进行实证分析，认为生产成本因素、交易成本因素是影响 FDI 区位选择的主要因素。李立新和金润圭（2002）[⑨] 认为集聚效应、市场因素是外商投资区位选择的重要因素。

可见，学界注重单一因素分析，这虽然能够解释某类企业撤资和区位转移现象，但不能解释大量 FDI 集中撤资、转移现象，还需要系统化

① Belderbos , Zou. Foreign Investment, Divestment and Relocation by Japanese Electronics Firms in East Asia [J] . *Asia Economic Journal*, 2006, 20 (1): 1 -27.

② Pedersini, R. Relocation of production and industrial relations. European Industrial Relations Observatory online, 2005, Ref: TN0511101S.

③ Rojec, M. , Damijan, J. Relocation via Foreign Direct Investment from Old to New EU Member States Scale and Structural Dimension of the Process [J] . *Structural Change and Economic Dynamics*, 2008, 19: 53 -65.

④ 裴长洪，杨志远．实现我国外商投资的新跨越［J］．国际贸易，2011（9）．

⑤ 桑百川，王拾．外商投资撤资的原因与演变趋势［J］．国际经济合作，2007（11）：39 -43.

⑥ 魏后凯，贺灿飞，王新．外商在华直接投资动机与区位因素分析［J］．经济研究，2001（2）．

⑦ 黄肖琦，柴敏．新经济地理学视角下的 FDI 区位选择［J］．管理世界，2006（10）．

⑧ 文东伟，冼国明．垂直 FDI、区位选择与工资差异［J］．南开经济研究，2009（6）．

⑨ 李立新，金润圭．在华外商不同来源体 FDI 区位因素比较分析［J］．中国软科学，2002（7）．

的分析框架。

2. FDI撤资和区位转移对东道国影响及风险研究

多数学者是从吸收FDI效应的逆向效应进行探讨。Pike（2005）① 认为撤资对东道国的影响主要包括社会补贴增加、就业机会减少等；杨宇光和刘夏明（1995）②、张二震和任志成（2005）③ 指出跨国公司撤资对东道国的消极影响主要表现在就业、利用外资、技术转移、产业结构、国际收支五个方面。

国内外学者大多通过对外直接投资理论的逆向思维来研究撤资影响问题。但跨国公司撤资和投资转移并不是跨国公司直接投资的简单逆转，还需要综合运用国际直接投资理论、产业组织理论、全球化理论进行系统分析。而且，已有研究没能区分不同类型FDI撤资和区位转移产生的不同影响。

3. 东道国应对跨国公司撤资和投资转移的策略研究

Beynon等（1993）④ 认为，虽然FDI撤资的决定权掌握在跨国公司手中，但每个国家都有特殊的干预和防止撤资发生的方式，替代撤资的可供选择办法依赖地方特征和机制。江小涓等（2004）⑤ 针对我国东部沿海地区外资转移现象，提出中西部应提供更为优惠的外资政策以承接外资转移。陈继勇和黄蔚（2009）⑥ 认为东道国应为外资制定稳定开放

---

① Pike，A. Building a Geographical Political Economy of Closure：The Case of R&DCo in North East England［J］. *Antipode*，2005，37（1）：93－115.

② 杨宇光，刘夏明．当代国际直接撤资理论探讨［J］．世界经济研究，1995（4）．

③ 张二震，任志成．FDI与中国就业结构的演进［J］．经济理论与经济管理，2005（5）．

④ Beynon，H.，Hudson，R.. Place and Space in Contemporary Europe：Some Lessons and Reflections［J］. *Antipode*，1993，25：177－179.

⑤ 江小涓，王迎新，杨来科．我国外商投资梯度转移问题研究［J］．中国工业经济，2004（4）．

⑥ 陈继勇，黄蔚．外商直接投资区位选择行为及影响因素研究［J］．世界经济研究，2009（6）．

的经济政策。

总体而言，国内外对于FDI撤资问题的研究，目前尚处于理论框架的构建阶段，大多从跨国公司的视角展开，还没有从东道国的角度建立起FDI撤资、转移的风险预警和防范机制，也没有系统区分不同类型的FDI撤资的动因和影响，更没有针对金融危机后我国沿海地区FDI撤离问题进行系统研究。

1.3 本课题研究的主要内容及观点

本课题在梳理FDI撤资和区位转移的理论和文献的基础上，综合分析FDI撤资和区位转移的特点和发展趋势，归纳总结FDI撤资和区位转移的一般规律。通过考察不同类型FDI撤资与区位选择的决定因素，揭示我国沿海地区FDI撤资和转移的趋势。在此基础上，比较分析我国东部沿海地区与内地、周边国家、主要新兴市场不同类型FDI的区位优势，判断FDI撤资和转移的区位方向。继而，实证分析我国沿海地区FDI撤资、转移的趋势和影响，并构建FDI撤离的风险预警机制。最终从国家、区域、产业、企业层面上提出应对沿海地区外商投资企业撤资和区位转移的对策。

本课题研究的主要内容分为六部分：

（1）全球FDI撤资、区位转移的特点和规律。

基于后金融危机时代世界经济结构进入调整期、世界经济治理机制进入变革期、创新和产业转型进入孕育期、新兴市场国家力量步入上升期，全球生产网络（GPN）尤其是东亚生产网络和价值链体系加速变革的时代背景，探讨全球不同国家、不同地区间产业转移的特点和规律；分析产业转移和国际投资环境变化引致的全球FDI区位结构变动趋势；归纳出全球 FDI 撤资、区位转移的一般规律。

（2）FDI 撤资与区位选择的决定因素分析。

根据 FDI 的动机，区分不同类型 FDI，阐明不同类型 FDI 区位选择的决定因素；分析由 FDI 区位选择决定因素引致的跨国公司撤资与区位转移行为；分析我国 FDI 的区位选择决定因素；按 FDI 区位选择决定因素考察 FDI 撤资和区位选择的模式。

（3）我国沿海地区 FDI 撤资和转移的特点和发展趋势。

结合 FDI 区位选择的决定因素，分类探讨我国沿海地区 FDI 撤资和转移的特点；归纳沿海地区 FDI 撤资和转移的模式；揭示我国沿海地区 FDI 撤资和转移的趋势。

（4）我国东部沿海地区与内地、周边国家、主要新兴市场 FDI 区位优势比较。

结合决定 FDI 区位选择的决定因素，分析我国吸收的不同类型 FDI 即成本寻求型、市场寻求型、资源寻求型、技术寻求型、政策寻求型 FDI 区位优势的变化；对比分析我国沿海地区与内地不同类型 FDI 的投资环境；运用 UNCTAD 相关指标体系的基础上，采用标准化的方式，对比分析我国沿海地区与周边国家、主要新兴市场不同类型 FDI 的投资环境；对比分析我国内地与周边国家、主要新兴市场不同类型 FDI 的投资环境；归纳我国沿海地区、内地、周边国家和主要新兴市场 FDI 区位优势差异，进一步研判我国沿海地区不同类型 FDI 撤资、转移的区位方向。

（5）沿海地区 FDI 撤资和转移的动因分析。

通过结构方程模型（SEM）研究撤资决策与其影响因子之间的内在关系，首先构建线性方程系统的结构方程模型，优化该模型探寻撤资动因之间的因果关系，运用 EQS 6.1 统计软件，结合沿海地区“跨国公司撤资决策的影响因素”调查数据，对我国东部沿海跨国公司撤资的影响因素进行分析，探索撤资动因与撤资决策之间的微观传导机理及内在结构，为中国预警与应对撤资风险提供理论参考。

（6）应对外商投资撤资和转移的对策。

根据FDI区位选择决定因素和这些决定因素的变化，建立FDI撤离、外移的风险预警机制；从国家层面提出应对沿海地区FDI撤离和区位转移的战略措施；从区域层面提出沿海地区产业升级、内地承接沿海FDI转移的对策；从产业层面提出应对沿海地区FDI撤离和区位转移的对策；从企业层面提出在沿海FDI撤离、转移背景下延伸价值链和提升价值链层次的策略。

本课题的主要观点有以下几个方面：

第一，沿海外商投资撤资、转移既是我国吸引FDI区位优势变迁的产物，是经济结构升级和对外开放步入转型期的现象，也是经济全球化下世界经济结构进入调整期的重要表现。解决沿海外商投资撤资和转移问题是关乎我国国民经济持续稳定发展的重大问题。

第二，根据不同投资类型FDI区位转移的决定因素，寻找我国沿海外商投资撤资的决定因素，结合我国沿海地区与内地以及周边国家投资环境的比较分析，是判断我国沿海外商投资区位转移趋势和方向的关键。

第三，在全面深化改革和经济结构转型升级的过程中，东部沿海地区吸收FDI的区位优势正在逐渐变迁，劳动密集型制造业外商直接投资区位转移风险凸显。当前，沿海地区外商投资虽未出现大规模集中撤离现象，外商投资转移更多体现在劳动密集型制造业生产环节。东部沿海地区FDI撤资和转移的趋势主要呈现为三个：东部沿海地区成本寻求型FDI会持续撤离；撤离的FDI更倾向流向我国中西部地区而非东南亚；

沿海向内地转移的劳动密集型 FDI 将面临二次转移的风险。

第四，影响东部沿海 FDI 撤资的因素分为外因和内因两方面。外因为母公司因素，即母公司撤资的难易程度；内国为国内因素，即各类生产要素的成本上升及其他周边国家具有吸引力的投资政策。而最为核心的是跨国公司的内因，也即自身的技术创新能力。跨国公司的技术创新能力往往由其企业性质决定，劳动密集型企业如不能通过技术革新具备自身特点，就难以在中国生存。而一旦技术革新获得成功，具有核心竞争力的企业就可以享受由于劳动力成本上升带来的市场扩大，拥有更大的利润空间。

第五，我国亟须建立 FDI 撤资、转移的风险预警机制，监测 FDI 动向，防范 FDI 撤资风险，把沿海 FDI 撤资、转移与产业结构升级，以及推动内地利用外资与工业化结合起来。

本课题通过对我国沿海地区外商投资企业撤资和区位转移现象的梳理，找出外商投资企业撤资、转移的特点和规律，建立从东道国角度研究 FDI 撤资和转移问题的分析框架，可以弥补国际投资理论主要以投资国为研究对象分析 FDI 区位选择的不足，完善 FDI 撤资和区位选择理论。结合影响 FDI 区位选择的因素，实证分析沿海不同类型 FDI 区位变动的决定因素，对我国沿海地区、中西部地区、周边国家和新兴市场投资环境进行评估，分析沿海 FDI 撤资、转移的动因，建立 FDI 撤资、转移的风险预警机制，提出政府、企业的应对策略，从而为宏观经济决策和企业决策提供依据。

第2章　全球FDI撤资、区位转移的特点和规律

在经济全球化进程中，跨国公司为了寻求有利的投资场所，在不同国家和地区间转移国际直接投资（FDI），形成并调整着全球产业分工体系与产业分工格局。由于跨国公司对外投资的动机不同，成本寻求型、市场寻求型等不同类型的FDI在全球区位转移的特点、诱因和趋势也不同。FDI撤资、区位转移会对东道国经济发展产生深刻影响。我国作为吸收FDI大国，同样要面对跨国公司撤资和投资区位转移问题。

本章将基于后金融危机时代世界经济结构进入调整期、世界经济治理机制进入变革期、创新和产业转型进入孕育期、新兴市场国家力量步入上升期，全球生产网络（GPN）尤其是东亚生产网络和价值链体系加速变革的时代背景，探讨不同国家、不同地区间产业转移的特点和规律，分析产业转移和国际投资环境变化引致的全球FDI区位结构变动趋势，最后归纳出全球FDI撤资、区位转移的一般规律。

2.1　当前国际产业转移的特点和趋势

在世界经济发展的实践中，国际产业转移是发达国家和发展中国家都普遍关注的问题。国际产业转移是全球FDI撤资、区位转移的动因和根据，FDI撤资、区位转移是国际产业转移的实现载体。发达国家可以

通过产业转移调整产业结构，实现全球战略目标，发展中国家可以通过承接产业转移促进对外贸易的发展、加快产业结构升级和经济发展。因此，要探讨全球 FDI 撤资、区位转移的特点、规律及趋势，首先要理解当前国际产业转移的特点、规律和趋势。

2.1.1 当前国际产业转移的特点和规律

20 世纪 90 年代末，世界经济开始兴起以网络技术和信息技术为主要标志的新技术革命。网络技术和信息技术的快速发展使经济活动的流动性加强，使国际投资和国际贸易的质量极大提高，使国际分工更加细化，也使国际产业转移愈演愈烈。

1. 发达经济体和新兴市场经济体同为产业转移的主要力量

经济发达地区仍然是国际产业转移的主要推动者。近年来，发达经济体的外国直接投资流出量不断扩大，成为全球外国直接投资资金的主要来源地。发达国家外国直接投资流出量占全球比重每年都维持在 85% 左右。2011 年全球 FDI 流入量达到 1.5 万亿美元，虽然 2011 年发达国家经济面临各种挑战，但作为传统投资大户的发达国家对外直接投资仍然大幅增长 24%，达到 1.24 万亿美元，占全球 FDI 流量的 83%。其中，发达经济体对外直接投资的三大阵营——欧盟、北美与日本是推动这一增长的主要力量。

近年来，发达经济体也成为产业转移的重要承接地。从发达国家内部来看，欧洲地区的流入量在持续下降后强劲反弹，美国增势不稳。2004 年以来，发达国家的跨国直接投资流入量持续增长，至 2007 年发达经济体的外国直接投资流入量达到 1.25 亿美元，占全球比重达到 68.3% 的峰值。受国际金融危机影响，2008 年发达经济体获得的外国直接投资总额降为 8401 亿美元，同比减少了 32.7%，占全球比重降为

58%。在连续3年下降后，2011年呈强劲反弹态势，增速为18%。欧洲地区和美国的跨国资本流入格局受其经济复苏的不同态势影响，呈现出不同的特征。2011年，流入欧洲地区的外资增长23%，美国的跨国直接投资流入量则下降8%。流入欧洲地区的外国直接投资强劲反弹，一方面是受公司重组、提高资产利用效率和降低成本等因素的驱动；另一方面，也存在一定的欧元贬值情况下的机会主义交易，导致对欧元区国家的跨境并购增多——2011年，对欧洲地区的跨境并购增长55%。但发达经济体受国际金融危机及欧债危机影响较大，推动国际产业转移发展的动力有所减弱，预计经济困难加重将导致FDI规模和比重进一步下降。

此消彼长，与发达国家对外直接投资地位衰退相对的是，发展中国家日益发展成为产业转移的主要力量。一是在国际产业转移中成为重要的产业承接方。1990—2000年发展中国家的外国直接投资流入量为1307.5亿美元，占全球比重为26.5%，到2004年达到2836.4亿美元，占全球比重增长为39.5%。2010年，外国直接投资流入量上升12%，高于全球外国直接投资流入量5%的增速，达5740亿美元，占当年全球外国直接投资流入总量的52%，首次超过发达国家，而同年流入发达国家的外国直接投资下降7%。2011年发展中经济体吸引外资继续占全球外国直接投资的一半以上，其中，流入亚洲发展中经济体（不包括西亚国家）的外国直接投资较2010年增长11%，拉美和加勒比地区吸引的外国直接投资增长最快，增速为35%。这显示出发展中国家在全球金融危机及世界经济衰退、复苏缓慢背景下较好的投资吸引力。二是在国际产业转移中成为重要的转出方，国际产业转移出现由新兴工业国向发达国家和次发达国家转移的新趋势。

2. 区域内国际投资和产业转移成为国际产业转移的主要趋势和特征

当前国际产业转移已经不局限于在不同区域间进行，区域内资本流动和产业转移已经成为新的趋势。比如，欧盟国家的对外投资和产业转移主要是在欧盟内部进行的，其中1/3是在成员国之间进行。在北美，美国和加拿大互为最大的投资对象国和产业转移国，美国对外投资的1/5集中于加拿大，加拿大对外投资的1/3则集中于美国。20世纪末以来，亚太区域、东亚区域内投资和产业转移也极为活跃。日本的对外直接投资更多地流向亚洲：从2000年到2006年的短短几年内，对亚洲国家的直接投资额已从占总额的19.5%提高到34.1%。据日本贸易振兴会的统计，90%以上的日本公司在亚洲国家设厂。2011年，日本对华直接投资达到127.8亿美元，同比增长76.3%，创历史最高纪录。此外，日本在印度、越南、泰国等国的直接投资规模也在提升。韩国对华投资也逐年增长，目前韩国在外国直接投资最多的国家是中国，投资主体也由中小企业向大企业集团转化，投资方向也向汽车、电子电器等知识密集型产业发展。

3. 第三产业成为国际产业转移的新热点

科技的发展促进了发达国家产业结构的知识化、高度化发展，推动了国际产业结构高度化发展趋势。据世界银行统计的资料显示，“二战”之后到20世纪80年代，国际产业转移主要以初级产品加工和原材料为主，并且主要是由发达国家向发展中国家单向进行转移。进入20世纪90年代以后，国际产业转移不仅由发达国家向发展中国家进行，也由发展中国家的劳动密集型产业向发达国家和次发达国家转移，并且其重心开始由原材料工业向加工工业、由初级工业向高附加值工业、由传统工业向新兴工业、由制造业向服务业转移，其中第三产业中的金融、保险、旅游和咨询等服务业是当前国际产业转移的重点领域。第三产业的国际直接投资开始超越制造业，在国际直接投资结构中占据主导地位。20 世纪 70 年代初期，服务业仅占世界国际直接投资存量的 25%，而 2011 年流入服务业的 FDI 存量达到 5700 亿美元，已经上升到 38% 左右。从流量上看，现在每年流向服务业的国外直接投资超过全球国际直接投资的 60%。21 世纪，知识经济将进入快速发展阶段，国际产业转移结构高度化、知识化有进一步加强的态势。

4. 国际产业转移出现产业链整体转移趋势

国际生产能力转移不再是个别企业的孤立行为，而是在国际生产的网络或体系的基础上，形成了以领导企业为核心、全球范围内相互协调与合作的企业组织框架。由于跨国公司社会化协作程度高、横向联系广，一家跨国公司的投资往往会带动一批相关行业的大量投资。随着竞争的加剧，跨国公司不再遵循传统的产业转移的阶段进行投资，而是主动地带动和引导相关投资，鼓励其海外供货商到东道国投资，加大零部件供给当地化战略的实施力度，发展配套产业并建立产业群，将整条产业链搬迁、转移到发展中国家。另外，为了充分利用东道国的各种资源，同时使自己的生产适应全球市场的不同需要，跨国公司除了转移传统的生产环节外，对产品价值链的其他环节如研究与开发、设计、公司总部服务等，也开始向其他地区转移。这种新的产业转移方式有利于提高企业的资源配置效率，提升整体企业的竞争力。

5. 国际产业转移的空间集聚趋势日益明显

随着区域竞争不断加剧，跨国公司产业转移已由原来单个项目、单个企业、单个产业的转移转向产业链式的转移，以形成产业的群体和网络，成为地区产业集聚的重要参与者。由于产业集聚可以产生正的外部经济效应，节约空间交易成本，发挥学习和创新效应，提高企业的竞争力，所以跨国公司更加偏好到产业集聚的地方去投资。与此同时，国际产业向产业集聚地区的转移，进一步强化了区域产业集聚的程度。在中国，跨国公司以沿海大城市为核心，正在建立与全球生产链相连接的产业集群，国内和国际的资源和要素越来越快地向珠江三角洲、长江三角洲和环渤海经济圈这三个地区集中，市场规模、生产链、企业群、城市群的良性互动越来越明显。

2.1.2 当前国际产业转移的新趋势

全球金融危机以及欧债危机爆发后，由于世界政治、经济格局出现新变化，国际产业转移出现了一系列值得关注的新变化和新趋势。

1. 发达国家掀起“再工业化”浪潮

“再工业化”（Remanufacturing）是西方学者基于工业在各产业中的地位不断降低、工业品在国际市场上的竞争力相对下降、大量工业性投资移师海外而国内投资相对不足的状况提出的一种“回归”战略，即重回实体经济，使工业投资在国内集中，从而避免出现产业空心化。此次欧美所提出的“再工业化”即是制造业复兴战略。2009 年 11 月，前美国总统奥巴马在一场演说中指出，美国经济要从过去维系在金融信贷之上的高消费模式，转向出口推动和制造业推动的成长模式。此后，美国政府又提出出口倍增计划、制造业促进法案等一系列相关政策。美国的这一系列行动及政策被称为“再工业化”。与此同时，西欧各国也纷纷出台了“再工业化”计划和政策。2008 年 9 月 8 日，英国政府公布了一项新的振兴国家制造业的战略计划。2010 年 9 月，法国政府在“新产业政策”中明确将工业置于国家发展的核心位置，提出了法国必须进行“再工业化”，并计划到 2015 年把法国的工业生产量在现有基础上提高 25%。2010 年，西班牙也制定了“再工业化”援助政策，预计至 2015 年将制造业占 GDP 比重由 12% 提高至 18%。此次欧美等国所掀起的“再工业化”，远非过去意义上的恢复和振兴传统的制造业，而是在一次工业化基础上的二次工业化。其本质上是通过产业升级，使工业重新拥有强大竞争力，并用新一轮技术革命的成果引领和改造其他产业，尤其是新能源、信息、生物、医疗、环保、海洋和空间等新兴产业。

后危机时期发达国家掀起“再工业化”浪潮的目的是重振制造业以增加就业，摆脱危机后经济复苏缓慢、失业高企、财政贸易赤字积累的困境。在“再工业化”进程中，发达国家更加注重用科技引领实体经济发展，重返高端制造业，全球制造业生产方式和商业模式可能由此发生革命性变化。例如，美国增加对新能源的投入，希望新能源能成为新的经济增长点。其实质是通过“再工业化”延长国内高端产品线，塑造新的竞争优势，以高附加价值产品平衡与外围国家中低端产品间的贸易。

伴随着这股“再工业化”浪潮，全球产业结构也随之出现微调，引发了制造业 FDI 向发达国家的回流。如美国利用税收措施或政府扶持吸引企业回归本土：在 2009 年的《制造业促进法案》、2010 年的《鼓励制造业和就业机会回国策略》以及 2012 年的《美国基业长青蓝图》报告中，美国政府一方面取消了把业务转移到海外的美国公司所享税务优惠，另一方面还为回巢企业及高端制造企业提供了各种税收优惠。与美国政府出台法案相配合，美国地方政府通过制定土地和税收优惠政策，改善投资经商环境等吸引制造业商本地置业。

2. 新兴产业成为国际产业转移的新热点

20 世纪 90 年代以来，围绕传统产业的国际产业分工体系已经基本完成，国际产业转移未来真正的增长机会来自于新兴产业。后危机时期，各国进一步加紧对新兴产业的争夺，围绕发展新兴产业进行全球布局，都希望抢占新兴产业发展的制高点，新兴产业的国际转移将成为新热点。为谋求把科技创新优势迅速转化为经济竞争优势，世界各国都把突破核心关键技术、推动战略性新兴产业发展，作为培育新的经济增长点和掌握未来发展主动权的必然选择，美国、德国、日本、韩国、欧盟等都确定了新兴产业的重点领域。虽然目前很多新兴产业还处于科技突破和推广应用的重要阶段，但是各国围绕新兴产业的国际布局和争夺已日趋激烈。新兴产业的国际转移，以加工基地转移为主要特征，各国竭力把握新兴产业核心技术和知识产权源头的同时，利用国际分工体系尽快地形成大规模、低成本的生产能力，从而延续传统的“大脑—四肢”模式。

我国在承接新兴产业加工制造环节的转移方面具有其他国家不可比拟的优势。经过连续几年的高速增长，我国已成为全球最大的太阳能电池和组建生产国，以及世界最大的风力涡轮机生产国。2009 年，我国太阳能光伏电池产量占世界太阳能光伏电池总产量的 39% 。2012 年底欧盟对我国光伏产业发起“双反”（反倾销、反补贴）调查，并于 2013 年 6 月对我国输欧光伏产品征收平均高达 49% 的反倾销税。然而欧方举措影响的将不只是中方企业。中欧在光伏领域相互依存，互利合作，在整个光伏产业链中双方企业是上下游关系。欧盟光伏市场对中国产品依赖度高，不少企业从中国光伏制造业中获利匪浅。据中国商务部统计，中国累计从海外进口的光伏产品生产设备近 400 亿元人民币，其中相当部分来自欧盟。中国光伏产业的发展也为欧盟光伏发电安装等下游产业创造了大量就业岗位。这种“你中有我、我中有你”的格局一旦发生贸易摩擦，必将株连各方。而欧盟“损人不利己”的行为实际上就是为了与我国抢占世界新兴产业的制高点。

3. 以获取和控制能源、原材料为目的的国际产业转移进一步加强

金融危机爆发以来，虽然原材料和能源价格一定程度上下降，但是围绕原材料和能源的争夺更加激烈。世界各国也充分认识到原材料和能源对于工业增长的重要意义，围绕能源和原材料的控制和博弈加强。比如巴西淡水河谷公司作为全球最大铁矿石供应商，将在巴西投资30亿美元兴建一家年产能为500万吨钢板的钢厂，将进一步吸引钢铁产能向矿山集聚地转移。从原料出口国来看，对提高产品附加值的需求日益迫切，客观上存在相关加工产业向这些地区集聚的趋势。沙特阿拉伯借助于原料的优势，正成为世界石化生产重地，截至2015年石油化工产品产量达8000万吨/年，总投资额远超1000亿美元。

随着经济的增长，我国国内原材料和能源的紧缺以及成本的上升，我国承接高消耗产业的转移遇到挑战。近年来，我国矿产资源紧缺矛盾日益显现，铁矿石、铝土、铜等对外依存度分别达到69%、43%以及80%。在能源方面，从2009年开始，我国首次成为煤炭净进口国，净进口量超过1亿吨，原油对外依存度达到51.3%，进口液化天然气达到当年全国天然气总消费量的约8%。而随着环境保护意识的加强，低碳、减排成为国家产业政策主流，环境破坏成本急剧上升，对高污染、高消耗的国际产业转移造成直接影响。因此，近年来我国企业对外直接投资有很大一部分集中在能源、原材料领域，希望通过FDI从国外获取石油、天然气、矿石、粮食等资源。

4. 以获取技术和科研成果为目的的产业转移逐渐突出

技术是发达国家能够取得比较利益、超额利润的重要手段。金融危机爆发以来，世界主要发达国家都把科技创新作为重塑竞争优势、走出危机的根本手段，一方面通过加大研发投入，保证科技创新战略实施：美、日、德2009年的政府财政科技投入预算分别增加了3%、1.1%和8%，全球企业2008年的研发投入也实际增长了6.9%。另一方面，以获取和利用技术为特点的产业转移更加明显。技术在未来产业转移格局中将发挥更为重要的作用，高技术以及新兴产业成为外资并购热点领域之一。

外资在我国高技术产业的并购主要集中在规模较大、发展迅速的电子、IT 和医药制造业等领域。在电子行业，并购成为外资进入我国集成电路和半导体业的主要扩张渠道之一，并且通过并购消费类电子领域龙头企业迅速占领市场，比如法国阿尔卡特公司以 50% 加 1 股的方式控股上海贝尔，中国台湾华映收购厦华电子等，而爱立信为重组中国业务，2007 年将所持有的南京爱立信熊猫移动终端有限公司股权转售予芬兰公司 Microcell。软件和互联网行业外资并购活跃，2007 年，广义 IT 行业发生了 19 起与风险投资相关的并购事件，总额达 4.45 亿美元。亚信公司在收购联想 IT 服务业务之后，相继收购了上海亿软信息技术有限公司及北京国创科技有限公司等。医药行业外资并购数量和规模也逐年增加，一些国内大型原料药生产企业，如华北制药、河南汤阴豫鑫有限公司等，纷纷与外资建立合资企业或出售股权给外资；外资还加紧收购生物医药和中药公司，如黑龙江松花江药业有限公司、华良药业等。

5. 服务业成为国际产业转移的热点，服务外包成为国际产业转移的新兴方式

20 世纪 50—80 年代，无论是发达国家还是发展中国家和地区，都期望劳动力成本低廉，原材料、能源、中间性产品质高价廉，以获得资本收益最大化为直接投资目的。在进行产业投资时，投资的领域大多为传统产业，以制造业和开采业为主。由于制造行业具有易于标准化、技术扩散能力强等特点，一直以来都是国际产业转移的主要内容。在此大背景下，工业制成品的贸易量和金额必然远高于其他产品。20 世纪 90 年代，随着经济全球化的不断发展，国际直接投资方式也开始转变，从以产业结构转换导向型和资源开发导向型的投资为主，逐步向技术创新导向型投资和产业国际转移型投资转变，研发投资的重点领域也多以现代服务业为主。随着计算机以及信息通信技术在全球的广泛应用，发展中国家和地区产业也不断升级，劳动力素质有了较快提高，基础配套设施有了大幅度改善，加上全球服务贸易规则的实行，服务业仅限于一国国内的格局被彻底打破，这加快了全球产业结构调整和转移的步伐，出现了服务业结构调整和产业转移的新趋势。

随着网络和信息技术在全球范围内的广泛应用，国际分工越来越细化，一种产品从研究、开发、生产、销售到流通等环节所形成的产品价值链已经不再由一家企业单独来完成。于是整个价值链就会分解，一些新的企业加入了价值链并在某个环节上建立起新的竞争优势，具有成熟、精湛的技术和较低的成本。一些大而全的企业为摆脱竞争中的不利地位，不得不改变策略，放弃弱势环节，从自己的比较优势出发，发展自己的核心竞争能力，重新建立自己的优势地位。国际产业转移的母国逐渐认识到，牢牢掌握核心技术，将非核心制造环节外包转移给那些具有专业能力的外部供应商，然后通过外购获得这些产品，不仅减少了母国公司固定资本投入，精简组织，使企业更加灵活地参与竞争，还可以由此构筑公司所在行业的进入壁垒，从而确保公司能够获得高额利润，引导行业朝着有利于企业自身的方向发展。因此，目前几乎在每个行业都能发现外包的身影。

2.2 当前 FDI 区位转移的特点和趋势

跨国公司投资区位转移（Relocation），是在东道国区位优势变迁的前提下，根据其投资动机，结合自身的竞争优势和东道国以外其他国家的区位优势，经过综合决策而进行的再投资选择。FDI 区位转移实质就是跨国公司投资区位的再选择。为了便于从东道国角度考察 FDI 撤资、投资区位转移的特点和决定因素，需要根据 FDI 的投资动机进行细分，主要有效率寻求型、市场寻求型、资源寻求型、资产寻求型以及政策寻求型 FDI 的区位转移。本节将一一分析这些类型 FDI 区位转移的特点。

2.2.1 效率寻求型 FDI 区位转移的特点和趋势

在效率寻求型 FDI（Efficiency Seeking FDI）的影响因素中，劳工成本的影响是非常突出的。当某一国家或地区的劳工成本优势降低时，效率寻求型 FDI 尤其以劳工成本为导向的 FDI 便会转移到其他具有劳工成本优势的国家或地区。受到市场因素影响，传统产业国际转移总体规模不会有大的变化，但是由于世界传统制造业成本条件的变化，将呈现从发展中国家再向后发国家转移的态势。

效率寻求型 FDI 以日本跨国公司对外直接投资区位转移的“雁阵模式”最为典型。在 20 世纪 90 年代早期，日本制造业跨国公司对“亚洲四小龙”的直接投资处于上升期，但自 1997 年以后逐渐下降，其中也受金融危机的影响，而在同期内，日本制造业跨国公司对中国、印度尼西亚、菲律宾和泰国的直接投资是持续增加的。1991—2000 年，中国吸收日本制造业 FDI 的比重从 9% 上升到 35%，而“亚洲四小龙”则从 48% 下降到 25%。日本电子跨国公司在东亚地区的撤资主要是劳工成本因素。1995—2003 年间，日本电子类跨国公司在东亚地区的撤资速度年均 3%，主要是从劳工成本较高的国家和地区（“亚洲四小龙”）撤资，投资转移到劳工成本较低的国家，尤其是中国。据联合国工发组织统计，1995 年电子行业劳工成本最高的是新加坡，依次是中国香港、韩国、中国台湾。日本电子公司投资转移主要是由于“亚洲四小龙”

的劳工成本较高，投资转移向中国或者是泰国或者是印度尼西亚。日本电子公司对中国的投资比重由 1990 年的 12% 上升至 1995 年的 59% 。而“亚洲四小龙”却相反，“亚洲四小龙”吸收日本电子公司直接投资的比重从 1989 年的 57% 下降至 1995 年的 13% 。日本电子公司把不具备竞争优势的低附加值的生产环节转移到中国和东盟国家，把比较成熟的零部件和资本品生产环节仍保留在“亚洲四小龙”生产。

随着我国原材料、劳动成本优势的下降，传统制造业也将呈现出产业向外再次转出的趋势。而东南亚的越南、印度尼西亚、菲律宾等国由于相对更加廉价的劳动力和较为成熟的基础设施成为承接我国劳动密集型产业转移的天然国家。2010 年中国—东盟自由贸易区建成后，由贸易引发的投资效应促使中国的劳动密集型产业开始向东盟国家进行转移。

美国效率寻求型 FDI 的区位转移路径是美国跨国公司首先从西欧撤资转移到中东欧，再转移到亚洲具有低成本优势的国家或地区。美国在亚洲如新加坡、中国香港和台湾、韩国、泰国、马来西亚、菲律宾、中国内地等国家和地区为全球市场进行生产，而把知识、技术密集型部门的投资保留在西欧。美国、德国汽车零售部件公司在新欧盟成员国的投资主要是从原来欧盟 15 国转移过来的。效率寻求型 FDI 在欧盟成员国间的投资区位转移，不仅看重的是匈牙利、波兰、斯洛文尼亚等新成员国较低的劳工成本，更重要的是欧盟新成员国的劳工技能和劳动力素质，以及不断提高的劳动生产率。

欧盟成员国间投资区位转移更多的也是效率寻求型 FDI 的转移。欧盟制造业中效率寻求型 FDI 的投资转移主要是将一些中端技术含量的生产由欧盟 15 国撤资转移到新成员国，将一些技术含量低、低成本、低附加值的生产转移到欧盟成员国以外，如中国和印度以及俄罗斯、乌克兰和土耳其等国家，而把跨国公司的研发部门仍保留在欧盟 15 国。

中国香港、台湾投资转移到中国大陆也是典型的效率寻求型FDI区位转移。20世纪60年代和70年代，香港、台湾经济快速发展，劳动密集型制造业由于香港、台湾劳工成本大幅上升而失去竞争优势。中国大陆廉价的劳工成本和较低的土地使用费，吸收大量劳动密集型出口行业从香港转移到中国大陆，尤其是广东省。台湾则是在1987年放宽投资限制政策后开始将劳动密集型出口导向的制造业如纺织、服装、家用电器投资转移到中国大陆，投资集中在广东、福建和其他东部沿海地区。香港、台湾劳动密集型制造业之所以将投资转移到珠三角地区，其中也考虑了运输成本因素。

2.2.2 市场寻求型FDI区位转移的特点和趋势

市场寻求型FDI（Market Seeking FDI）的动机在于巩固、扩大原有市场、开辟新市场，避开各类贸易壁垒，直接或间接进入当地市场，为当地市场提供更多的服务，其决定因素是东道国的市场规模和人均收入、市场增长、区域性和全球性市场准入、一国特定的消费者偏好、市场结构等因素。市场寻求型FDI区位转移的情况通常有以下两种：一是当东道国进入国际市场困难时，通常会失去依赖进入国际市场的外国子公司，市场寻求型FDI便会发生投资转移。二是当东道国某一行业的生产能力相对过剩时，以寻求市场为主要目标而没有明显的技术和品牌优势的跨国公司在东道国投资就会撤资，调整投资战略，将投资转移到其他目标市场国家。相对于效率寻求型FDI来说，市场寻求型FDI发生投资转移的范围较小。在1990年至2004年间，欧盟15国为寻求新市场向中东欧8个新成员国投资转移的行业主要在服务业和制造业。从20世纪90年代开始，一些人口众多的亚洲国家如中国、印度和印度尼西亚，吸引西欧或者是拉美地区转移过来的大量FDI，一方面是由于这些国家提供了较低的工资和要素成本，另一方面也主要是由于其市场规模巨大导致了市场寻求型 FDI 的投资转移。

2013 年 5 月，中国双汇集团以 47 亿美元收购美国食品巨头史密斯菲尔德（Smithfield）。史密斯菲尔德集团是全球规模最大的生猪生产商及猪肉供应商。这也是迄今为止公布的中国公司对美国公司进行的最大一笔收购。双汇在 2010 年因瘦肉精事件饱受诟病，瘦肉精事件也导致中国的猪肉进入美国市场难度很大。这次交易使得中国猪肉更多地出口到美国，也能够使美国猪肉更多地进入中国市场，因为中国市场的增速快于美国或全球市场。中国企业想变得更具国际竞争力，但缺乏相应的管理和技术经验，通过收购美国公司，可以达到市场和技术同时获取的目的。同时，鉴于史密斯菲尔德良好的信誉，双汇也能赢得中国消费者更多的信任，双方能够实现双赢。

2.2.3 资源寻求型 FDI 区位转移的特点和趋势

企业为了自身的生存和发展，必须与环境交换，从环境中获取所需要的资源。资源寻求型 FDI（Resource Seeking FDI）的动机就在于获取企业生存和发展所需要的资源，这里主要是指能源、原材料等硬资源①。资源寻求型 FDI 的区位转移基本是由东道国资源约束引发，随着东道国资源枯竭或资源获取成本不断升高而逐步转移到资源更加丰富、获取成本更加低廉的区位。由于资源分布于全球，资源寻求型 FDI 区位转移的范围也相对更大。

2012 年 12 月，中国石化下属子公司国际石油勘探开发公司与加拿大 Daylight 能源公司就 Daylight 公司 100% 股权收购项目进行了交割，这

① 与之相对的是技术、管理经验等软资源，称为技术获取型 FDI。

意味着中国石化已完成了此项收购。Daylight 是一家加拿大石油勘探开发公司，于2004年在多伦多交易所上市（DAY - TSX），其油气核心资产位于加拿大艾伯塔省西北部和不列颠哥伦比亚省东北部的69个油气田内。2011年上半年，Daylight 公司平均权益产量约3.8万桶油当量/天。中国石化称，将推进 Daylight 公司的快速发展，进一步拓展在加拿大的油气业务。此项收购就属于典型的资源寻求型 FDI。

2.2.4 资产寻求型 FDI 区位转移的特点和趋势

与资源寻求型 FDI 相比，资产寻求型 FDI 的主要动机是获取品牌、技术、市场、人力资源资产，特别是无形的技术、管理等创造性资产。进入21世纪，跨国公司的创造性资产寻求型 FDI 显现出一系列新动向：被寻求企业的规模越来越大；国际化经营成为创造性资产寻求型 FDI 的又一重要目的；技术成为企业寻求的主要创造性资产。而资产寻求型 FDI 特别是创造性资产寻求型 FDI 的区位转移主要是由发展中国家向发达国家的逆向投资。

2004年12月8日，联想集团斥资12.5亿美元收购了美国 IBM 个人电脑业务，涉及研发、采购、生产和销售等多个部门，并接手了 IBM PC 业务部分5亿美元的债务。这次收购的总资产是联想的4倍，包括 IBM 的美国总部、设立在日本和美国的研发中心、分布在世界各地的一百多个分支机构以及一万多名员工。联想的资产负债率也由此达到了27%，其全球市场份额达到7.8%左右①。在这次我国 IT 业史无前例的并购中，联想所获得的创造性资产包括 IBM 的品牌价值、PC 业务核心

① 周伟．我国企业创造性资产寻求型 FDI 的最新动向研究——基于联想跨国并购 IBM PC 业务的案例分析［J］．科技与管理，2006（1）：18.

技术、海外市场以及极具竞争力的人力资源。收购完成后，占全球 PC 市场份额第八位的联想一跃升至第三位，仅次于惠普和戴尔，成为全球第三大 PC 供应商。同时，联想获得了享誉世界的 ThinkPad、ThinkCenter 品牌的收购许可以及 5 年的 IBM 品牌使用权。这是我国国内 IT 企业最大的一笔海外并购，新联想的年收入达到了 120 亿美元。联想通过这次并购迅速扩大了企业规模，成功实现了企业的国际化经营。联想并购 IBM 的 PC 业务可以算得上是我国企业创造性资产寻求型对外直接投资的典型。

作为资产寻求型 FDI 中最重要的技术获取型 FDI（Technology Seeking FDI），即 TSFDI，是一种以获取东道国的智力资源、研发机构等技术要素为目标，以新建或并购海外 R&D 机构为手段，以提升企业技术竞争力为宗旨的跨境资本输出行为。企业技术获取型 FDI 的获取方式分为内部获取和外部获取两大类。内部技术获取主要包括内部研发和内部整合；外部技术获取主要有五种基本方式，包括外包研发、合资、收购、技术许可和购买设备。在对外直接投资中，企业逆向获取技术的模式包括跨国并购、新建海外研发机构、建立技术联盟或战略伙伴关系进行合作研发等。技术获取型 FDI 的区位转移趋势是由低端技术区位向高端技术区位转移。由于当今高端技术主要分布于发达国家，技术获取型 FDI 也更多转向发达国家。

2000 年 4 月，万向集团收购了美国三大汽车零配件经销商之一的美国舍勒公司。美国舍勒公司是全球拥有万向节技术专利最多的企业，具有强势的品牌和销售渠道。并购之后万向通过利用舍勒公司原有的渠道，快速地扩展了其在美国的市场，并与全球最大的汽配供应商 TRW、DANA 等形成战略合作关系。2001 年，万向收购了美国上市公司 UAI 公司，该公司的“UBP”品牌在国际市场享有很高的美誉度，UAI 公司拥有世界上最先进的制造制动器等汽车零部件的技术。通过对其进行收购，万向集团可以学习和消化其技术，从而提高自身的技术能力。此外，万向还收购了翼形万向节传动轴发明者和全球最大的一级供应商美国洛克福特公司、三大汽车厂商的一级供应商美国PS公司，等等。通过收购，万向获得了一定的技术资源，包括万向节技术专利、产品测试技术和认证系统以及多个工艺团队，这不仅提升了企业的研发能力和生产制造水平，帮助企业顺利进入轴承、制动器、传动轴等相关产业，而且使企业在技术标准的制定和产品认证上具有了话语权，推动企业向产业链上游延伸①。

2.2.5　政策寻求型FDI区位转移的特点和趋势

政策寻求型FDI（Policy Seeking FDI）的主要动机是利用东道国吸引外资的优惠政策（如土地使用、税收减免、雇工等方面的优惠），以更低成本取得更高利润。由于政策寻求型FDI起因于东道国政策，也必将随着东道国政策环境的变化而发生区位转移。首先，当东道国优惠政策取消或发生变化时，政策寻求型FDI容易发生撤资，将投资转移到其他能提供优惠政策的国家去。其次，当某些国家采取更加优惠的外资政策时，会诱发政策寻求型FDI转移流入。再次，政策寻求型FDI对东道国政治经济制度、政治局势变动带来的政治经济风险比较敏感，高风险的政治经济体制环境容易引发外资的大量撤离。最后，东道国的汇率政策变动或汇率剧烈波动对以政策寻求型FDI也有很重要的影响。

我国自2007年开始调整外资政策，如两税合一、取消或降低进口

① 杨雅妮．构建资源利用与资源获取并重的跨国企业FDI模式——以万向集团国际化为例［J］．商场现代化，2011，8：91－92.

退税、征收国土税、海关征收加工贸易保证金、实施新的劳动合同法，以及汇率制度改革、人民币升值的压力加大，导致企业的生产经营成本大幅上涨，一些加工贸易型中小跨国公司撤资，将投资转移到东南亚低生产成本和出口成本的国家。

20 世纪 80 年代“外资主导型”开放模式的巴西，通过提供优惠的合资政策和低廉的劳动力吸引大量外资，美国、日本以及欧盟的汽车公司蜂拥而至。1997 年，受政治事件的冲击以及亚洲金融危机的影响，巴西货币贬值，经济陷入衰退，汽车产业等制造业中心向成本更低的亚洲特别是中国转移，外资大量撤离巴西，给巴西汽车产业带来致命打击。2008 年全球金融危机爆发后，许多国家为恢复国内经济，纷纷放宽对外商投资的限制，竞相采取各种形式的财政和金融激励措施，制定更加优惠的外资政策，吸收 FDI，使得中国在吸引外资中面临更多的竞争，导致东部沿海地区外商投资企业撤离，投资转移到越南、马来西亚、印度尼西亚等周边国家。

汇率波动使得跨国公司经营成本和未来收益面临很大的风险。在汇率不确定的条件下，跨国公司退出东道国市场的可能性较大。2001—2002 年阿根廷经济危机期间，国家风险水平上升，货币兑换机制不确定，比索贬值，导致德国汽车零部件制造商昆泰克斯公司美国的 Tradegrain 公司等一些较小的企业撤资，西班牙的肉类加工企业 Campofrio 公司出售在阿根廷的子公司。1997—1999 年东南亚金融危机期间，泰国、马来西亚、印度尼西亚、菲律宾、新加坡、韩国等国货币大幅贬值，美国跨国公司从马来西亚、菲律宾、泰国和中国台湾地区大规模撤资，将投资转移到中国内地，中国利用美国 FDI 迅猛增长，三年的增长率分别达到了 34%、19.8% 和 30.1%。

2.3 全球FDI撤资、区位转移的一般规律

跨国公司FDI撤资、区位转移的根本目的是维护企业自身的生存和发展，提升公司的核心竞争力。从这一点来看，跨国公司生存和发展的需要决定了FDI撤资、区位转移的一般规律。本节我们将根据上节分析的不同动机FDI撤资、区位转移的特点和趋势，以及跨国公司生存和发展的需要总结出FDI在全球范围内撤资、进行区位转移的一般规律。

1. FDI从初级产业领域向服务业等高级产业领域转移

战后随着世界经济的发展，一些国家有了较快进步，也有一些国家发展却相对滞后。一些工业较发达国家对橡胶、铜和石油等工业材料、原料存在大量需求，而经济不发达国家对这些材料和原料利用较少，这使得工业较发达国家和工业不发达国家在国际分工中各自承担的角色不同，从而使国际之间产业转移主要发生在初级品与工业制成品领域。随着美、欧、日等一些发达国家相继进入工业化的中后期，加上多种因素的影响，这些工业发达国家开始以国际直接投资的方式将劳动密集型产业转移到不发达国家和地区，不发达国家和地区通过吸收发达国家转移的生产能力，迅速提高了本国或者本地区的工业水平，使产业移入国家逐步成长为新兴工业化国家。

20世纪70年代发生的世界性经济危机和两次石油危机，对发达国家经济影响巨大。为了克服经济危机带来的不利影响，发达国家不得不调整经济发展结构，进行经济结构转型，向新能源、新材料和微电子等高附加值、低能耗的技术密集型和知识密集型行业转化，而将高污染、高能耗的部分资本密集型产业进一步向不发达国家或地区转移。

20世纪90年代以后，随着计算机及互联网在教育、医疗、汽车制

造、高科技产业等传统制造业和金融等服务业领域的广泛应用，对第三产业领域的投资成为国际产业转移中的新热点。第三产业的国际直接投资开始超越制造业，在国际直接投资结构中占据主导地位。实力强劲的跨国公司对自己经济全球化的战略进行了新的调整，企业内部的分工更加明确，更加深化，服务资本进一步从产业资本中分离并独立出来，形成公司内部服务的离岸外包、跨国外包等形式。通过服务外包可以有效节省成本、发展核心竞争力来提高企业绩效，因此服务外包越来越成为 FDI 区位转移的主要方式。

2. FDI 倾向于向成本更低、规模更大的市场转移

一方面，跨国公司追求利润的本质决定了降低成本是 FDI 在全球范围内进行区位转移的主要动机。劳动力的成本和劳动生产率以及物质基础设施的成本是 FDI 在全球进行区位选择时最重要的决定因素。当东道国丧失这种区位竞争优势时，外国子公司将迁往其他能提供更有竞争性条件的国家或地区。通过前文（2.2）分析得知，无论是美国从西欧撤资转向中东欧，或是欧盟对外投资转向新成员国，再或者是日本通过“雁阵模式”将边际产业转移到“亚洲四小龙”和中国，都体现了成本特别是劳动力成本在 FDI 撤资、区位转移中的决定性作用。因此，FDI 总是倾向于转向成本更低的区域可以作为 FDI 区位转移的一般规律。但是这种趋势是不可逆转的，虽然有时也受到东道国基础设施水平、承接 FDI 能力的影响，但这些因素只是阻碍 FDI 区位转移的进程，并不会改变其方向。

另一方面，跨国公司追求超额利润的本质也决定了跨国公司总是有动机将投资转向规模更大、更加有利可图的市场。跨国公司通过对外投资在以前没有出口市场的东道国占有一定的市场，保护和扩大原有市场，在对新市场的开辟进行到某种程度之后，在当地进行生产和销售就更为有利。通过开拓新市场，跨国公司有时可以避开进口国的一些贸易壁垒和贸易限制，避开高关税，降低成本。而且，直接在进口国生产和销售，可以更好地维持供销关系，保障原材料和零部件的供应以及适应当地使用惯例和商业惯例，避免很多不必要的法律纠纷。另外，出于同主要竞争对手的市场竞争的考虑，跨国公司也会积极进行对外投资。当某个企业率先进行对外投资后，很多企业往往会积极跟进，以维持自己在全球市场上的相对份额，保持一种竞争关系的平衡。从 20 世纪八九十年代起跨国公司纷纷在中国投资设厂，一个很重要的原因就是看中了中国巨大的市场。随着中国经济的崛起、基础设施的改善、民众消费能力的提升，更多更高层次的 FDI 会转向中国市场。

3. FDI 在不同国家和地区间互相转移

早期的研究表明，FDI 区位转移一般是从发达国家向欠发达国家和发展中国家逐层推进的单向转移。也就是说，一个国家经济发展水平较低时，它通常是吸引国际直接投资的国家，即产业移入国。在承接产业转移的过程中，被投资的国家首先要具备一定的工业发展基础，才能承接国际产业转移，然后再从发展中国家和地区扩展到欠发达国家和地区。但 20 世纪 90 年代以来，经济全球化浪潮使市场经济制度成为世界经济发展的基本经济制度，信息化社会为国际产业转移的发生提供了更加宽松的环境，使 FDI 区位转移发生了方向性的改变，即不仅仅是单向性的转移而且出现了相互转移。这种局面的产生是因为广大发展中国家不断改革开放，国内经济迅速发展，积累了大量的资本，一些企业有了跨国经营的实力，也开始了对外投资活动，从而使 FDI 区位转移出现了双向流动的现象。这为分析和解释发展中国家和地区在国际产业转移发展进程中的地位转变提供了相应的理论依据和支撑。

比如，20 世纪 90 年代以前美国 FDI 的区位转移路径是美国跨国公司首先从西欧撤资转移到中东欧，再转移到亚洲具有低成本优势的国家或地区。日本制造业 FDI 区位转移的路径是首先由日本转向“亚洲四小龙”——韩国、新加坡、中国香港和中国台湾，1997 年以后逐渐转向中国、印度尼西亚、菲律宾和泰国。20 世纪 70 年代随着中国香港、中国台湾经济快速发展，劳动密集型制造业由于劳工成本大幅上升而失去竞争优势，中国内地廉价的劳工成本和较低的土地使用费，吸引了大量劳动密集型出口行业转移到中国内地，尤其是广东省。20 世纪 90 年代以后，随着中国等新兴市场经济体的崛起，新兴市场国家对外直接投资规模逐渐扩大，新兴市场国家逐渐成为 FDI 区位转移的主体。就中国来说，2002—2011 年中国对外直接投资保持了 10 年连续增长，对外承包工程完成营业额已连续 8 年保持 20% 以上的增长速度，新签合同额连续 11 年保持 10% 以上的增速。2012 年中国对外直接投资增长 14%，达到 770 亿美元，投资方向主要分布在中国香港、欧盟、美国等发达国家和地区。

4. 获取创造性资产对于 FDI 区位转移的影响日趋重要

创造性资产不同于自然资产，它是包含在人、所有权、制度和物质能力中的知识、技巧、学习和经验积累及组织能力，即基于知识的资产（邓宁，1998）。在国际产业转移中一些企业拥有核心资产（创造性资产）和关键技术的垄断优势，这些优势主要包括专利、专有技术、商标、新工艺以及市场营销技巧等。近年来，一些学者（尹冰，2006；吴先明，2007）提出了创造性资产寻求理论，认为发展中国家对发达国家的 FDI 不是短期利润推动的，而是战略性因素驱动的——寻求创造性资产进而提升本国企业竞争力。2006 年 UNCTAD（联合国贸易与发展会议）对发展中国家跨国公司的全球问卷调查也证实了这一点，创造性资产寻求是发展中国家尤其是中国 FDI 位居全球第二的重要驱动力量。

由于发达国家知识基础深厚，创新体系和基础设施完善，高技术和创新型人才集中，在知识、技术的创造与利用方面具有很高的效率，世界范围内绝大部分新技术和新发明都集中在发达国家，因而发达国家拥有大量的创造性资产。但是，以知识为特征的创造性资产具有较高的转移成本，大多数创造性资产具有隐性（tacit）、不可编码性、因果模糊性，难以通过市场交易获得。发展中国家通过技术引进、许可交易、合资合作获得的都是成熟或淘汰的、标准化的技术，并不具有创造性的特征。同时，伴随着跨国公司全球化，发达国家跨国公司也在千方百计地强化其对创造性资产的控制，不愿意把能带来竞争优势的创造性资产转移给发展中国家的合作伙伴。尽管近年来跨国公司的研发全球化趋势不断增强，越来越多的发达国家跨国公司把研究中心设在了一些发展中国家，但发达国家跨国公司控制创造性资产的动机并未减弱。不仅新设立的研究机构主要采用独资形式，而且对原有合资企业也通过各种手段提高了股权控制比例。如中国第一家中外合资企业——中国迅达电梯有限公司在合资15年之后，外方通过签署新协议把股权比例由25%提高至65%，到2001年1月中国迅达已变身为纯粹的外商独资企业①。类似的案例、还有宝洁、北京吉普等公司的股权变化。以上对创造性资产的来源、特点和发达国家跨国公司对之强化控制的分析说明，发展中国家企业要想获得创造性资产，只能通过FDI方式嵌入到发达国家的创新体系和创新集群中，借助技术溢出效应，学习和吸收发达国家的专有技术，从而获取创造性资产。

---

① 刘明霞．创造性资产寻求型FDI：发展中国家跨国公司的新趋势和新挑战［J］．财贸经济，2009（4）：83－84.

2.4 东亚产业结构变迁的规律

伴随着东亚产业结构调整和产业转移的演进，东亚各主要经济体相继崛起，实现了国内（区内）产业结构升级，形成了东亚独特的区域经济结构。中国在逐渐融入东亚生产网络体系的过程中，国际分工地位明显提升，成为东亚区域内一支新兴力量，对东亚区域生产网络的影响力增强。金融危机爆发后，世界经济格局发生变化，全球经济结构步入新一轮调整期，全球产业发展进入新的变革期，中国也进入产业结构调整期，沿海地区产业发展的条件已发生深刻变化，一些劳动密集型制造业外商投资向中西部地区以及东南亚周边国家转移的现象显现。研究东亚产业结构变迁的规律，揭示在产业转移中“候鸟经济”现象的本质，实现我国沿海地区产业比较优势的动态转化，推动外商投资区位转移，成为令人瞩目的课题。

1. 全球产业结构调整中的东亚产业结构演变

早在20世纪50年代，随着科学技术的发展和美国等发达国家劳动力成本的不断提高，发达国家在世界范围内进行产业结构调整，即以对外直接投资（FDI）为载体，进行产业重组和结构升级，从而引发国际产业转移。在国际产业转移浪潮推动下，世界经济体系中发展水平呈梯次结构的三类经济体也相继完成了产业结构的转换升级，这在东亚表现得尤其突出。在东亚，日本和“亚洲四小龙”（NIEs）不仅通过承接国际产业转移实现了经济起飞和繁荣，而且通过转移失去竞争优势的产业，积极主动地完成了比较优势的动态转换，实现了这些国家的产业结构升级和结构优化，加快了其工业化进程，为东盟各国和中国通过国际产业转移、实现产业持续升级换代树立了典范。正如Ozawa（2003）所述：美国向海外转移制造业的高倾向带动了日本20世纪50年代的大发展，而后日本作为东亚区域“结构中介者”和“产能扩大者”，带动东亚其他经济体相继走上发展的道路，经历了对外投资、出口增加的“比较优势循环”过程。①

伴随着东亚区域产业转移和各经济体的相继崛起，东亚产业结构调整经历了渐进的演变过程，主要分为两个阶段。

第一阶段：20世纪50年代至80年代——“雁行模式”下的产业结构调整。

20世纪90年代以前，东亚产业结构变动主要通过“雁行模式”来进行。“雁行模式”是一种动态的产业梯次转移和传递模式，是日本通过FDI和技术转移，向“亚洲四小龙”转移因国内经济发展、劳动力成本增加而失去比较优势的劳动密集型产业，以推动日本产业结构调整与优化，同时促进“亚洲四小龙”相关产业竞争力的增强和经济发展。而“亚洲四小龙”在经济发展到一定阶段后，又效仿当年日本进行产业结构调整，将失去比较优势的产业转移到东盟国家，进而推动“亚洲四小龙”和东盟国家的产业结构调整和经济发展，于是在日本、“亚洲四小龙”、东盟四国（泰国、印尼、菲律宾、马来西亚）之间形成一种雁行发展的形态。从20世纪50年代至80年代，东亚区域产业转移一直处于一个以日本为雁头，“亚洲四小龙”为雁身，东盟四国为雁尾，其他后起发展中国家为延伸雁队的“雁行模式”（Flying Geese Paradigm）。

具体来说，“雁行模式”下东亚区域产业转移的发展可以划分为三个波段：

---

① Ozawa, Terutomo. Structural Transformation, Flying-geese Style and Industrial Clusters: Theoretial Implications of Japan's Postwar Experience [Z]. Paper presented at the Conference on Clusters, Industrial Districts and Firms: the Challenge of Globalization, 2003.

（1）第一次东亚区域产业转移。

20世纪60年代，由于国内劳动力成本上升和国际贸易摩擦的加剧，日本为了促进产业结构的升级换代，以FDI为载体，把逐渐丧失了比较优势的以纺织业为代表的劳动密集型产业向发展中国家和地区转移，自己则集中力量发展钢铁、化工、汽车和机械等资本密集型出口导向工业。与此同时，由于“亚洲四小龙”劳动密集型轻纺工业有了相当程度的发展，并且在劳动力素质和价格上较其他发展中国家具有绝对优势，从而抓住这一有利时机，采取出口导向型经济发展战略，凭借其优越的地理位置和相对廉价的劳动力成本，承接日本的产业转移，大力发展轻纺等劳动密集型产业。这一时期东盟四国也开始效仿日本和“亚洲四小龙”，对其国内产业结构进行调整，积极推进进口替代型工业战略。也就是说，在这十年中，日本成功地实现了国内产业结构调整，创造了“日本经济奇迹”，而“亚洲四小龙”也顺利地实现了经济的腾飞。

（2）第二次东亚区域产业转移。

20世纪70年代，严重的世界性经济危机和两次石油危机，使得日本重化工业备受打击。由于国内资源匮乏、国内市场狭小，继续发展重化工业将不再具有比较优势，日本被迫调整产业结构，转向发展技术密集型产业，同时将一些高耗能、高污染的资本密集型重化工业以及其他劳动密集型产业继续向东亚其他国家和地区转移。因经济迅猛发展，劳动力成本上升，劳动密集型产业优势弱化，加之发达国家对轻纺工业产品进口采取限制政策，“亚洲四小龙”也开始进行产业结构调整：一方面大力承接日本转移来的一些资本密集型产业，如钢铁、化工和造船等工业，产业结构开始向重化工业的方向发展；另一方面将那些国内正失去比较优势的部分劳动密集型产业转移到泰国、印尼、菲律宾、马来西亚等东盟国家。这一时期，东盟四国依靠劳动力成本低的优势，承接“亚洲四小龙”转移出的轻纺工业，并将其迅速扶植成面向出口的主导工业，积极向出口导向工业化发展战略转换。

（3）第三次东亚区域产业转移。

20 世纪 80 年代，发达资本主义国家普遍出现贸易保护主义倾向，加之日本对美国的贸易顺差不断增加，日本与美国之间的贸易摩擦日益加剧。1985 年美日签订的《广场协议》迫使日元大幅升值，而日元的大幅升值直接引发了日本企业的投资热潮，加速了日本产业结构的调整与转换。一方面，日本发展起一批以航空、计算机、制药为代表的创新导向型产业。另一方面，日本进一步将一部分附加值较高的轻纺工业、汽车、电子等技术标准化的资本密集型和部分技术密集型产业，转移到“亚洲四小龙”和东盟四国。日本对东盟四国的产业转移主要是利用当地低廉的劳动力和丰富的自然资源优势，进行加工、生产，产品再返销国内或直接向第三国出口，从而缓解其与第三国之间的贸易摩擦。20 世纪 80 年代后半期，随着“亚洲四小龙”通货不断升值，劳动力成本急剧提高，同时，美国取消“亚洲四小龙”作为发展中经济体的最惠国贸易待遇，出口条件恶化，迫使其调整产业结构，向东盟等发展中国家转移以钢铁、重型机械、基础化工为代表的资本密集型产业，自己集中发展资本和技术密集型产业。

在这一阶段，东亚各国和地区主要通过引进外资和技术，利用区域间产业的梯度转移，谋求产业结构升级，形成了东亚独特的区域经济结构。在东亚区域产业结构演变的过程中，FDI 起了很大的推动作用：战后日本经济的迅速崛起，得力于战后初期美国的大量投资；“亚洲四小龙”的腾飞，与美、日的直接投资分不开；东盟四国进入 20 世纪 80 年代以来的经济起飞，又是和日本、“亚洲四小龙”对其大量的直接投资密切相关，形成以“雁行模式”为主的东亚区域经济发展模式。“雁行模式”是对东亚区域各经济体相继起飞的一种形象描述，本质上是指东亚先进国家（地区）与后进国家（地区）之间的一种产业梯次传递的状态或过程，这种动态的产业梯次传递，形成了该地区特有的区域产业循环机制。具体讲就是：以FDI为核心的动态产业梯次传递（包括技术转移）→各国、各地区产业结构调整或优化→相互间贸易流量增大→各国、各地区生产规模、能力扩大，工业化水平提高→经济起飞或持续高速增长→更多或更高层次的产业梯次传递……FDI是东亚区域产业循环机制的主要引导力量。①

东亚各经济体能够在“二战”以后短短几十年时间里实现经济的高速增长，一个重要的原因是这些国家和地区能够适时调整经济发展战略，通过梯度产业转移的方式实现国内的产业结构升级。各国和地区制定的产业发展规划构成了东亚范围内的“雁阵模式”下国际产业转移和产业结构调整趋势。

第二阶段：20世纪90年代后——产品内分工模式下的产业结构调整。

进入20世纪90年代，日本经济发展速度放缓，以中国为首的东亚后起经济体迅速发展，东亚区域各经济体之间产业梯度发展的格局被打破，“雁阵模式”逐渐被产品内分工模式取代。此间的经济发展明显突破了“雁行模式”下的垂直型产业间分工格局，国际分工更多地沿着价值链上的不同生产环节展开，形成了一种新的分工形式（陈勇，2006）。②

---

① 李晓．论东亚区域产业循环机制［J］．世界经济，1998（3）：27.

② 陈勇．区域生产网络：东亚经济体的新分工［J］．世界经济研究，2006：83.

一方面，在新国际分工模式的驱动下，东亚区域产业结构呈现多元化特征。日本大力发展光电技术、生物工程等高技术产业，推动信息产业的发展，并继续将诸如汽车、电器、机械等能耗大的资本密集型产业转移到海外，产业结构调整从技术密集型向知识信息密集型转变。为了保持经济增长的势头，"亚洲四小龙"积极实施由资本密集型向技术密集型转变的产业升级策略。韩国和中国台湾着眼于提高制造业产品的附加值，着重发展技术密集型产业，积极扶植高技术新兴产业。新加坡和中国香港则依托区位优势，加强金融、商业服务和转口贸易等第三产业的发展，把发展高新技术产业列入战略规划。同期，中国和东盟国家经济保持高速度增长，但增长方式仍然属于粗放型，产业结构格局以资源密集型和劳动密集型产业为主，产品附加值低，在国际市场上处于产业链的中、下游。这些国家为了充分利用国内的比较优势，不得不继续大力发展劳动密集型产业。另一方面，为了实现经济增长方式由粗放型向集约型的转变，这些国家也加大了技术研发投入，积极发展技术密集型的高科技产业和信息产业，逐步形成了资本密集型、劳动密集型和技术密集型并存的混合型产业结构格局。

东亚区域产业转移的形式从原来产业链的整体转移，逐渐演变为某些生产工序的转移。东亚区域产业转移，形成了东亚独特的区域内部分工；而伴随着东亚区域产业转移的发展，东亚区域内部分工也在发生变化：在产业间（工业部门间）分工进一步加速发展的同时，出现了产业内（工业部门内部）分工乃至企业内分工这种新的形式。由此，使东亚地区带有垂直分工某些特征的新型水平分工形态进一步朝多样化和高级化的方向发展，形成了在东亚区域内相互依存的新型国际分工网络体系。

新一轮东亚区域产业转移是在产品内全球分工的背景下进行的，已经突破了国与国（或地区）间产业整体性转移，并通过最终产品的国际交换实现国际分工的模式。产品内分工是一种全新的国际分工模式，是某一特定产品生产过程中的不同工序或环节通过空间分散化而形成的一种跨国性生产体系。① 新的产业转移以产品价值链为纽带，通过部分生产工序的转移，将生产过程的各个阶段和功能分散于各国（或地区）以充分利用各国（或地区）的比较优势，并通过中间产品的国际交换在各种不同层次国家间形成一种产品内国际分工新格局。发达国家也有劳动密集型产业，发展中国家也有技术密集型产业。所不同的是，发达国家进行的是劳动密集型产业中附加值高的分工环节，如产品的研发、销售、核心部件生产，发展中国家虽然也有技术密集型产业，但做的是附加值低的环节，如辅助零配件制造、组装等。

2. "候鸟经济"迁徙中的东亚产业结构演变

"候鸟经济"，特指在经济全球化过程中，面对劳工成本等要素价格变动，劳动密集型制造业和劳动密集型生产环节不断从高成本国家（地区）向低成本国家（地区）迁徙的现象，如同候鸟一样择地而栖。"候鸟经济"的区位转移遵循比较优势规律，而比较优势的动态变化是国际分工发展和各国资源禀赋变化的产物。"候鸟经济"的栖息地一般选择劳动力资源丰富、劳工等要素成本低、现实或潜在市场规模大、经济增长快、综合投资环境优良的区域；而跨国公司对外投资则是"候鸟经济"迁徙的微观基础。

早在20世纪50年代，随着科学技术的发展和美国等发达国家劳动力成本的不断提高，发达国家在世界范围内进行产业结构调整，以对外直接投资为载体，将劳动密集型制造业和劳动密集型生产环节转移到东

① 卢锋．产品内分工［J］．经济学（季刊），2004，4（1）：61.

亚等地区。东亚的日本和“亚洲四小龙”（NIEs）不仅通过承接国际产业转移实现了经济起飞和繁荣，而后通过转移失去竞争优势的劳动密集型制造业和生产环节，积极主动地完成了比较优势的动态转换，实现这些国家产业结构升级和结构优化，加快工业化进程，为东盟各国和中国通过国际产业转移、实现产业持续升级换代树立了典范。美国向海外转移制造业的高倾向带动了日本20世纪50年代的大发展，而后日本作为东亚区域“结构中介者”和“产能扩大者”（Ozawa，2004），带动东亚其他经济体相继走上发展的道路，经历了对外投资、出口增加的“比较优势循环”过程。与此同时，也伴生着劳动密集型制造业和生产环节的“候鸟经济”迁徙历程。

3. 东亚区域产业转移的动因

东亚地区的日本、“亚洲四小龙”、中国大陆以及东盟国家先后成为劳动密集型制造业集聚的区域，同时，劳动密集型产业和生产环节相继在东亚不同区域转移迁徙。“候鸟经济”在东亚地区迁徙、栖息，既有东亚独特的内因，也有外因。东亚地区经济结构的复杂性，工业化水平的差异性，文化的同构性，以及东亚区域内部与外部经济政策、环境变迁，是造就“候鸟经济”在东亚地区转移栖息不可忽略的因素。

就内因而言，首先，东亚地区劳动力资源丰富，各经济体经济发展水平不同，产业成长相异，生产要素禀赋不同，决定了东亚区域间劳动力等生产要素价格的差异，即劳动密集型产业在东亚不同国家（地区）的经营成本不同，比较优势不同，出现潜在的产业利益差，这是推动东亚区域劳动密集型产业迁徙的最主要原因。

日本和“亚洲四小龙”都是自然资源匮乏、较高素质的人力资源相对充裕的地区，因此它们的劳动密集型产业在经济起飞初期具有相当大的竞争优势，但是当经济发展到一定程度、人们收入提高后，劳动力成本优势，逐步下降，劳动密集型产业优势丧失，竞争力下降，加之劳动密集型产业的集聚，必然出现土地成本、基础设施如水、电使用成本以及环境成本上升，迫使日本和和“亚洲四小龙”将这些失去比较优势的劳动密集型产业向外转移，进行产业结构调整。

20世纪60年代，由于国内劳动力成本的上升和国际贸易摩擦的加剧，作为日本主要出口品的劳动密集型的轻纺工业逐渐丧失了原有的比较优势。于是，日本集中力量发展钢铁、化工、汽车和机械等资本密集型出口导向工业，而把劳动密集型的轻纺工业逐渐转移到劳动力资源具有优势的“亚洲四小龙”。由于“亚洲四小龙”劳动密集型的轻纺工业有了相当程度的发展，并且在劳动力素质和价格上较其他发展中国家具有绝对优势，“亚洲四小龙”抓住时机，采取出口导向型经济发展战略，凭借其优越的地理位置和相对廉价的劳动力成本，吸收来自日本的产业转移，大力发展轻纺等劳动密集型产业。20世纪70年代以后，由于劳动力成本上升，劳动密集型产业优势丧失，“亚洲四小龙”便将这些产业转移给劳动力资源丰裕而廉价的泰国、印尼、菲律宾、马来西亚等东盟国家和中国。中国和东盟国家则依靠劳动力成本低的优势发展劳动密集型产业。在当前，受金融危机的冲击，加上我国劳动力、土地等要素成本上升，我国东部沿海地区出现了向周边的越南、马来西亚等国家产业转移的现象。

其次，由于东亚国家和地区为了促进经济发展，纷纷实行对外开放的经济政策，主导参加经济全球化进程，采取积极承接国际产业转移或吸收外商直接投资的措施，为产业转移创造了良好的制度环境。

第二次世界大战后，美国由于在战争中积累起强大的经济领先优势，在劳工成本趋高、劳动密集型产业竞争优势减弱时，大举向日本转移。日本利用劳工成本优势，在开放政策中大量承接美国转移出来的劳动密集型制造业，迅速崛起并发展成为世界制造业大国。日本的成功引起"亚洲四小龙"效法。在日本劳动密集型产业的成本优势和竞争力降低，谋求产业区位转移时，"亚洲四小龙"扩大开放，利用劳动力资源优势承接日本等转移出来的生产能力，推动了工业化进程，并创造了"亚洲四小龙"经济奇迹。当"亚洲四小龙"的劳工成本攀升，劳动密集型产业谋求区位转移时，具有劳动力资源优势的泰国、印尼、菲律宾、马来西亚等东盟国家和中国大陆也实行了开放政策，承接日本、"亚洲四小龙"等的产业转移，尤其是中国大陆，放弃了闭关锁国政策，走上开放之路，并在市场取向改革中为外商投资创造良好的制度环境，积极吸收外商直接投资，发展加工贸易，不仅对其他国家、地区劳动密集型产业转移提供了良好的栖息地，而且加速了工业化进程。

最后，东亚地区的商业环境受以儒家文化为代表的传统文化影响，企业对区域内的文化环境具有更多的认同感，在谋求产业结构调整升级中，更倾向选择东亚其他国家和地区作为投资目的地。

产业结构调整是一个持续不断的产业结构优化的过程。发达国家或工业化领先地区的产业结构调整，是通过向发展中国家或劳动力成本较低的地区转移相对衰退或不再具有竞争优势的劳动密集型产业或生产环节，以便集中资源于技术密集型产业、资本技术双密集型产业或者全球价值链高附加值生产环节，实现产业结构升级。

从世界经济发展的规律来看，发达国家产业结构调整都经历了从以劳动密集型产业为主，经过以资本密集型产业为主，到以技术密集型产业为主的发展阶段。在这一产业结构升级过程中，技术进步是核心因素。发达国家产业对外转移依循同样的顺序，最先转移的是技术含量低的劳动密集型产业，顺次转移中度技术含量的资本密集型产业，最后是技术密集型产业。当然，技术密集型产业不会整体转移，如果整体转移，发达国家就失去了比较优势，不符合其自身根本利益，所以他们要保持对技术密集型产业的绝对控制权。而且技术密集型产业向外转移的也只是一些非核心的劳动密集型环节，这些环节的向外转移可以降低整体产品成本而不损害发达国家的产业控制权。

东亚地区经济结构具有特殊性，不同国家和地区经济发展阶段不同，工业化水平不同，劳工成本和比较优势具有较大差异，存在着劳动密集型产业和生产环节在不同国家与地区间转移传递的可能性。而东亚地区文化的相近性又造就了企业转移投资中对区域的认同感。由此，在国家主导谋求产业结构升级、企业谋求投资区位转移时，投资者更倾向选择本区域作为投资目的地。这样，就形成了东亚地区内部劳动密集型产业和生产环节相继转移迁徙的状况，即由日本→“亚洲四小龙”→东盟和中国大陆的劳动密集型产业的“候鸟经济”现象。

就外因而言，首先，美国经济政策的变化是东亚区域产业转移的诱发因素。第二次世界大战后至 20 世纪 80 年代中期以前，美国根据其全球战略的需要，积极扶持东亚一些盟国或战略伙伴的经济发展，对东亚的日本、韩国和“亚洲四小龙”基本上是敞开自己的市场。东亚一些国家和地区的外向型经济在美国的扶持下迅速发展，其制造业的能力逐步上升，成为继北美和欧洲之后的又一世界性生产基地。但是在 80 年代中期以后，随着前苏联逐步失去与美国在全球竞争的实力，东亚的战略地位相对下降。而且，东亚地区的出口生产能力急剧膨胀，而美国是东亚产品的重点出口市场，其已很难承受这样巨大的产品进口压力。美国在权衡了对东亚的战略需求和经济代价后，对东亚经济逐步采取比较消极的政策，迫使日元大幅升值和取消“亚洲四小龙”作为发展中经济体的最惠国贸易待遇等措施，加速推动东亚区域内产业转移。

2008 年金融危机后，美国实行出口翻番计划，谋求重振制造业，推出再工业化战略，实施量化宽松政策，主动贬值美元，逼迫人民币升值，加剧中国以劳动密集型为主的出口产品价格竞争力下降，加工贸易收益率降低，被迫进行区位转移。

其次，跨国公司为获得全球竞争优势，取得经济利益最大化，主导着产品内分工条件下价值链重组，推动了新一轮东亚区域产业转移。

新一轮国际产业转移以跨越地理空间的方式，同时发生于多个不同层次的国家间，每个国家的生产都已经嵌入到全球分工体系（赵张耀、汪斌，2005）。国际产业转移表现为生产环节的全球转移，其本质是国际产业转移在产品内全球分工的体现，是跨国公司主导下不同国家（地区）根据自身的成本优势对价值链的不同环节进行重整和承接。因而，产品内全球分工条件下的产业转移，是跨国公司根据各国体现于不同产品价值链片段上的要素禀赋差异，寻求全球竞争优势，获得更大产品价值链增值，而进行国际一体化生产布局的体现。其目的不是为了获得分工本身，而是以产品价值链为纽带，通过部分生产环节的转移，将价值链中的每个环节放到最有利于获得竞争优势的国家（或地区），将生产过程的各个阶段和功能分散于各国（或地区）以充分利用各自的比较优势，获得更多的价值增值，取得整体竞争优势（刘友金、胡黎明，2011）。

在产品内全球分工的背景下，新一轮东亚区域产业转移是一种产品价值链重组主导的产业转移，尤其是制造业价值链跨区域全球重组更为广泛。价值链的东亚区域空间重组推动了东亚区域制造业的大规模国际转移。在寻求比较优势和尽可能获取最大经济收益的利益驱动下，发达国家跨国公司往往不再注重于对产品价值链的整体性占有，而是越来越注重涉及产品核心技术的关键部位的制造，以及对产品的销售等产品价值链中的高附加值环节的重点性占有与控制，将产品价值链中劳动密集型的低附加值环节向其他国家转移，通过全球配套、全球协作，整合全球价值链，高效利用全球资源，获得价值链各环节的更大经济收益，以提升全球竞争力，从而主导了新一轮产业转移的方向，也开启了东亚区域劳动密集型生产环节的区位转移。

4. 中国在东亚区域分工体系中的地位变迁

在全球劳动密集型制造业和生产环节转移、“候鸟经济”迁徙过程中，中国充分利用自身的要素禀赋优势，不断强化与东亚区域各经济体的生产合作，积极吸收FDI，深度融入东亚区域生产网络，迅速崛起为东亚区域内一支新兴力量，从而引发东亚区域生产网络的内部重构。

（1）东亚区域生产网络（East Asian Regional Production Network）的形成。

伴随着东亚各经济体产业结构调整和东亚区域内产业转移的演进，东亚区域产业分工体系经历了由最初的单一的产业间分工过渡到产业内分工，又逐渐演变为基于“片段化”（Fragmentation）的产品内分工。东亚区域产业分工向价值链分工深化，产品生产流程已不单纯是在一国完成，而是在分割生产条件下，按价值链属性分散在东亚区域内各国和地区进行生产，区域内经济体根据产品内分工的不同阶段从事专业化生产，从而在区域内形成了多层次动态的生产网络体系，即东亚区域生产网络体系。

东亚区域生产网络是“候鸟经济”迁徙中东亚各经济体之间重构分工体系的结果，分工的基础仍然是要素禀赋的比较优势。由于东亚内部各国和地区要素禀赋存在巨大差异，日本和“亚洲四小龙”的技术和资本要素充裕，东盟和中国的廉价劳动力要素充裕，“生产规模的不断扩张要求更精细化的跨国生产分工，充分利用低工资国家的劳动要素禀赋优势来完成劳动密集型生产模块，或者在土地、资本等要素成本更低的国家完成密集使用这些要素的生产模块”（Jones，2001）。日本和“亚洲四小龙”企业通过直接投资将部分劳动密集的工序转移到东盟、中国这些低工资国家，或者通过委托加工的方式将劳动密集型附加值较低的生产环节外包出去，利用这种垂直专业化的生产模式，驱动产品内国际分工的深化，并导致了东亚区域生产网络的形成。在以垂直分工为特征的东亚区域生产网络中，日本是东亚重要的技术和资本的提供者，“亚洲四小龙”是居于日本和东盟、中国之间的资本、技术和中间产品的传递者，东盟和中国是劳动密集型生产过程的最后完成者。

（2）中国崛起引发东亚区域生产网络的内部重构。

改革开放以后，中国沿海地区发挥劳动力成本低的比较优势，大力吸收 FDI，发展加工贸易，成为全球重要的劳动密集型制造基地和低成本制成品出口大国。地理位置的毗邻优势使中国参与国际分工的重心向东亚区域生产网络倾斜，通过承接日、韩等东亚经济体的劳动密集型产业转移和发展加工贸易逐渐融入东亚生产网络，产品内分工成为中国参与东亚分工合作的主要模式。凭借充裕的劳动力、土地、资源等要素禀赋优势，中国吸引越来越多的国际生产转移到中国来，生产能力的积累、工业体系的逐步完善、制度的开放、巨大的国内市场需求使之崛起为东亚区域生产网络中的一支新兴力量。

在融入东亚区域生产网络的过程中，中国在东亚区域网络分工体系中的地位明显提升，突出表现在迅速上升的零部件和资本品出口比重，以及大幅下降的半成品进口比重。中国虽然因主要从事劳动密集型生产环节，所处的国际分工地位并不高，但是由于劳动力等要素成本上升，出现了比较明显的优势转换，中间品和资本品的竞争力水平都有了较大提升，专业化领域逐渐向全球价值链的中高端环节转移，国际分工地位也随之改善（唐海燕、张会清，2009）。并且在与其他东亚经济体深度融合的过程中，中国力量的上升比较迅速，已超越日本成为生产网络中最重要的经济体，中国的发展改变了东亚地区原来的关系结构（张蕴岭，2009）。

中国在东亚分工体系中的异军突起，不仅扩大了东亚区域经济的国际影响力，而且引发了东亚区域生产网络的内部重构。各成员的分工位置因为中国的参与而发生变更，经济联系因中国的衔接而愈加紧密。归纳起来，中国崛起对东亚生产网络的影响主要表现在以下几个方面：

第一，中国崛起所引发的连锁性竞争效应推动整个东亚区域生产网络专业化层次的提升。中国取代日本和“亚洲四小龙”成为东亚的制造中心。但由于核心技术仍然由这些先进经济体所掌控，中国的影响力主要限于劳动密集型低附加值的生产环节。中国在产品内分工低端环节的市场竞争所引发的连锁性竞争效应，使得产品内分工各生产环节在东亚区域生产网络内部出现梯次转移，驱动网络成员向国际分工体系的上层迈进，并带动整个网络的专业化层次提升，进而为东亚经济发展注入新的动力。

第二，中国崛起加深了东亚区域生产网络的内部联系。在产品内分工主导的新型国际分工模式下，中国日益增强的生产衔接能力加深了区域生产网络成员的分工合作，推动了东亚经贸合作和经济一体化的发展。

第三，中国崛起改变了东亚对世界市场的出口模式。东亚产品内分工体系中的最终产品生产阶段持续向中国转移，中国逐渐演变为东亚区域生产网络的出口平台，使得东亚地区对世界市场的出口模式从“双边贸易”转变为经由中国的“三角贸易”（Urata，2006），即东亚经济体先对中国出口部件，由中国组装为成品再对北美、欧洲等世界市场出口。

第3章　FDI撤资与区位选择的决定因素分析

跨国公司为维护和提高自身竞争优势、占领市场而在全球配置资源，由于不同跨国公司的行业、战略等的不同，其对外直接投资的动机存在显著差异。根据跨国公司不同投资动机可以将FDI分为五类：效率寻求型、市场寻求型、资源寻求型、资产寻求型以及政策寻求型FDI。

本章将根据FDI的动机，区分不同类型FDI，阐明不同类型FDI区位选择的决定因素；分析由FDI区位选择决定因素引致的跨国公司撤资与区位转移行为；分析FDI的区位选择决定因素；按FDI区位选择决定因素考察FDI撤资和区位选择的模式。

3.1　不同类型FDI的区位决定因素

由于不同类型FDI的投资动机不同，各类型FDI的区位决定因素存在很大差别，且随着时间的推移和经济环境的变化，不同因素的相对重要性也会发生变化。本节将着重分析那些最重要的影响不同投资动机的东道国决定因素。

1. 效率寻求型FDI的区位决定因素

跨国公司在面临竞争压力，并旨在减少劳动密集型产品或价值链中劳动密集型工序的生产成本时，会以寻求效率为动机进行对外直接投资。减少成本是这类 FDI 的主要推动力。

效率寻求型跨国公司利用国家间不同的要素禀赋、文化、制度安排、需求模式、经济政策和市场模式，集中在有限的几个地点，向多个市场提供产品。这种类型的 FDI 大部分发生在具有资源禀赋差异的国家间，生产的产品以出口为导向。效率寻求型 FDI 解释了跨国公司在发达国家和发展中国家生产的分工。资本、技术和信息密集型的价值增值活动集中在发达国家，而劳动和资源密集型的活动则集中在发展中国家。

吸引效率寻求型 FDI 的决定因素有：经劳动生产率调整后的劳动力、原材料及中间产品成本；能够及时而且有效率地生产、运送货物至海外市场的基础设施（港口、公路、电力、通信）；利于建立地区性公司网络的地区一体化协定成员资格；自由化的贸易及政府税收政策。

廉价的、在很大程度上不可流动的非熟练劳动力的供给是效率寻求型 FDI 最主要的经济决定因素。这里的供给不仅强调量的充裕，而且强调相对生产率来说是低成本的。仅就低工资来讲，其积极作用比人们从表面上看到的还要小。只有在其他条件相同的情况下，低工资才是 FDI 的决定因素。因此我们说，跨国公司看重的是经过劳动生产率调整后的工资水平。

及时而有效率地生产、运送货物至海外市场的基础设施（港口、公路、电力、通信）。一方面，寻求效率的 FDI 生产的最终产品大都服务东道国以外的市场，因此高效率、低成本的物质基础设施，比如铁路、公路、港口、机场，对降低跨国公司成本具有重要意义。另一方面，跨国公司将产品生产中的各个工序专业化分工给最理想的国外子公司，生产要素和半成品在跨国公司全球网络中调度，这种生产要素及半成品的运转需要东道国具有高效低廉的运输体系。如今，通信技术使跨国公司可以对自己不同国家的子公司进行全面协调和管理，并根据市场需求的变化迅速调整产品的设计和生产。

加工制造业FDI是典型的成本寻求型投资。加工制造处于价值链“微笑曲线”的低端，且为劳动和资本密集型产业，需要大量的中低端劳动力、原材料、能源。因此，在经济全球化及国际产业分工不断深化的大背景下，发达国家的跨国企业因为本国国内高昂的人力及环境成本纷纷将生产的加工制造环节转移到拥有大量廉价劳动力、能源且环境成本较低的发展中国家和地区，如中国、东南亚国家、拉美地区等。具体到中国来看，中国连续多年成为发展中国家中吸引外资最多的国家，很大程度上在于中国的外向型经济发展战略，在沿海地区建立了大量出口加工区，以及国内大量的廉价劳动力，完善的基础设施和部分能源资源价格的人为压低。20世纪60年代和70年代，中国内地廉价的劳工成本和较低的土地使用费，吸收了大量香港、台湾劳动密集型出口行业移到中国内地，尤其是广东省和福建省。此外，香港、台湾劳动密集型制造业之所以将投资转移到珠江三角洲地区，其中也考虑了运输成本因素。

2. 市场寻求型FDI的区位决定因素

市场寻求型的FDI是跨国公司为开发新市场及增加现有市场份额、提高或保持竞争优势而投资于某一特定国家或地区，并向这些国家或地区抑或周边国家、地区的市场提供商品和服务。大多数情况下，在采取对外直接投资以前，部分甚或全部东道国市场都是由跨国公司通过出口提供，当东道国进口壁垒增加，产品出口运输成本上升，或者东道国市场需求增加时，跨国公司会以市场寻求为导向对东道国进行投资，或是在第三国投资，再从那里出口到该国市场。此外，东道国国内市场对许多服务性质的跨国公司也存在大量的需求，但因为部分服务的非贸易性，跨国公司为服务当地市场只能保持商业存在的形式。

市场寻求型 FDI 的东道国主要经济决定因素有东道国的市场规模、人均收入、市场增长、区域性和全球性市场准入、消费者偏好以及市场结构等。市场规模大的和高收入的市场能容纳较多的国内公司和国外公司，而且能帮助企业获得规模经济和范围经济。此外，大的市场规模更有助于产业链的广化和深化，有利于产业的集中，增加外部经济的可能性和效果，这些都会吸引市场寻求型 FDI 的流入。

区域性和全球性市场准入主要通过签订双边的投资协定及一体化框架实现。双边的投资协定会通过提高双方贸易保护的标准和外国投资者的待遇，以及建立争端解决机制来减少跨国公司在签约国投资的风险，改善投资环境，影响 FDI 流量。区域一体化使成员国相互开放市场，降低甚至取消相互之间的关税，使得进入区域市场取代进入东道国一国市场成为市场寻求型 FDI 的决定因素，这样会增加区域层面对市场寻求型 FDI 的吸引力。然而一般来讲，当区域性和全球性市场准入体系处在高层次且得到切实履行的情况下，拥有市场准入的小国有时比大国更有吸引力，因为其经营成本更低，资源可得性更强，跨国公司可能会寻求在区域内第三国往往是小国投资，并从那里出口到该区域市场。比如，欧盟中小国及发展水平落后的墨西哥等，签订了区域市场准入协定，因此有着更为自由和广泛的区域内市场腹地，这使其吸引了大量市场寻求型 FDI，这些 FDI 以这些国家为出口基地，将产品和服务出口到区域内其他国家（地区）。

东道国市场结构将直接影响跨国公司面临的竞争程度及利润水平。东道国竞争性较强的市场结构将使跨国公司在市场份额、价格方面的竞争更为激烈，此时，跨国公司可能不会选择对其直接投资；相反，如果东道国某一市场是寡头或是垄断的，且跨国公司拥有资产优势及进入许可，那么跨国公司会进行大量的市场寻求型的 FDI。

除此之外其他因素也促使了市场寻求型 FDI，比如企业主要的上游产品供应商和下游的需求厂商在国外建立了厂房，为了便于维持与加强与这些厂商的联系，增加自身收益，企业会在海外进行投资建厂；商品需要适应当地需求和偏好，而通过对东道国直接投资的方式，企业能更容易接触东道国市场，及时了解东道国市场的需求及变化，并进行及时的调整，增加东道国对跨国企业产品的需求。

由于市场寻求型 FDI 会增加外资企业的技术外溢的可能性和影响力，并且会增加与东道国企业对当地市场份额的竞争，促使东道国企业改善技术和管理水平，东道国经济发展的一定阶段会欢迎市场寻求型的 FDI。

市场寻求型 FDI 多发生于制造行业和服务行业，如零售、餐饮、化工、汽车、服务业等。这些行业的产品或服务大都以服务本地市场为目的，直接在当地生产、销售。目前，世界 50 家最大的零售企业，已经有 70% 在中国登陆。特别是 2001 年中国入世之后，外资零售巨头更是以前所未有的速度大步进军中国市场。从单店到连锁、从中方控股到外方控股、从零售到批发、从沿海到内地，外资零售业在中国的“地盘”不断扩大，这其中原因即是外资看到了中国经济高速发展背后的广大市场，纷纷投资中国分一份羹。在汽车行业，几乎所有的国际大型汽车公司都在中国进行了合资建厂，如奥迪、宝马、奔驰、丰田、本田、日产、雪铁龙、标致、通用、现代、福特等品牌均在中国建厂生产，且面向我国国内市场。服务业因其行业的特殊性要求其经营实体接近所服务的市场，因此服务业的 FDI 一般均为市场寻求型（金融类 FDI 具有特殊性，此处不包含）。

市场寻求型 FDI 的动机在于巩固、扩大原有市场、开辟新市场，避开各类贸易壁垒，直接或间接进入当地市场，为当地市场提供更多的服务，其决定因素有东道国的市场规模和人均收入、市场增长、区域性和全球性市场准入、一国特定的消费者偏好、市场结构等。

3. 资源寻求型 FDI 的区位决定因素

跨国公司为了以相对于国内更低的成本获得生产经营所需的资源，会进行资源寻求型的 FDI。发达国家和发展中国家的主要生产商和制造企业从事资源寻求型的对外直接投资的动机是更低的成本和更为可靠的供应来源。这种类型的直接投资下，大部分甚至全部资源寻求型子公司的产出都出口，而且主要是运往发达的工业化国家。1960 年前，大多的 FDI 都为资源寻求型，而且发展中国家原材料与工业化国家制成品之间的交换反映了建立在殖民时代的南北贸易的传统模式。很明显，资源寻求型 FDI 局限于初级部门，包括原油、天然气、煤炭、金属矿石以及非金属矿产。

资源寻求型 FDI 的最主要的区位决定因素有原材料的可得性、价格和品质。此外，东道国国内开采和出口资源的物质基础设施，如港口，公路，铁路，通信设施，低廉的非熟练劳动力、熟练劳动力（技术性工人），相关法规，利润汇回等政策支持，这些都会影响该类型 FDI 的开展。

铁矿、煤矿、石油、稀有金属等矿产的自然存在是吸引资源寻求型 FDI 的客观物资基础，世界经济发展与自然资源分布的不平衡性是资源寻求型 FDI 的现实原因。南美洲、独联体国家、西亚北非，以及澳大利亚、加拿大等地区和国家因其丰富的自然资源储量而成为全球最重要的寻求资源的 FDI 东道国，但各地区在引资因素上又各有侧重。资源寻求型 FDI 所开采、加工的产品大都出口到东道国国外市场，因此，确保这些大宗商品出口的港口、公路、铁路等基础设施的可得性、经济性将直接影响企业利润，这使得那些基础设施健全的国家吸引了更多的此类投资。资源开采、加工、运输等各个环节都需要大量劳动力的供应，尤其是薪酬较低的非熟练劳动力，近些年许多国家的矿业劳资纠纷案件时有发生，工人工会设法提高自身待遇，这使得资源寻求型FDI越来越看重稳定的劳动资源供给。东道国对资源寻求型FDI的整体政策取向以及对各个国家有差别的政策将直接影响甚至决定了此种类型的FDI是否能发生。这一点尤其表现为西方发达国家如美国、加拿大等以威胁国家安全为由而限制他国的资源并购、投资。资源开采、加工将调用大量货币资本，属于投资和收益均高的风险行业，因此，此种类型的FDI是否能出现同样也受东道国的利润汇回政策的影响。较少的利润汇回限制政策将鼓励资源寻求型FDI的发生，反之，则会抑制此类FDI的发生。

加拿大、澳大利亚和非洲都存在丰富的矿业资源，然而吸引的资源寻求型FDI却存在很大差别。这其中的原因除资源可得性、价格、品质外，基础设施、法规、利润汇回等政策显然起了非常重要的作用。

以加拿大、澳大利亚为代表的资源丰裕的发达国家拥有完善的法律，良好的社区环境，同时安全风险较低，但勘探和采矿成本非常高，它们还有一些相关政策对本地雇工进行保护，限制企业输入劳工。非洲拥有大量的矿产资源。非洲大陆是铝土矿、钴、铜、金刚石、锰、金红石和铀的重要生产者。从其资源潜力看，非洲国家应能吸引比目前实际吸引到的多得多的矿业投资，但它们需要在软环境的改善方面再下深些功夫。此外，基础设施落后、社区环境差、冶金工业发展滞后等都在一定程度上影响非洲资源寻求型FDI的进入。

资源寻求型FDI虽然会在经济增加值和就业创造上对东道国产生积极影响，但因为与东道国企业、产业关联较少，相比于其他类型FDI，其对东道国劳动力素质的提升、社会经济结构的优化提升较少。

4. 资产寻求型 FDI 的区位决定因素

当跨国公司为提高竞争力，增加研发协同，争强市场力量，获得上下游资源和管理技能，提升品牌而进行国际直接投资时，它们不仅追求降低成本和扩大市场份额，而且对获取创造资产，即主要的创造财富的资产和公司竞争力的源泉，给予特别重要的关注。在全球化经济中，跨国公司将创造资产寻求型 FDI 作为提高公司竞争力的主要手段。创造性资产既可以是有形资产，也可以是无形资产。有形资产包括先进生产装备、销售网络、通信设施等；无形资产包括商标、商誉、技术、管理以及个人之间或与政府的联系等。

创造性资产寻求型 FDI 的东道国决定因素有：聚集经济，高质量的电信网络和可靠的运输系统，范围广泛的资源（包括会计、法律服务、采购和销售、融资和 H&D 活动），专业化的资源（特殊的人力资源，如印服务外包业），开放、透明、可预测的投资政策环境；东道国所签订的双边投资协定，避免双重征税协定以及东道国在多边国际投资担保机构中的成员资格。

聚集经济是指企业向某一特定地区集中而产生的利益。产业聚集有利于信息的获得和传递。大量厂商的聚集，使市场、技术和其他专业化信息集中在产业聚集区内，厂商邻近形成员工正式和非正式联系，达到彼此学习，相互交流，广泛协作，推广技术，开展竞争，从而刺激企业改进生产、开发产品、提高质量，创造出巨大的经济效益。此外，产业聚集使厂商互补性增强，从而使产业聚集区内的产品整体质量和配置效率得以提高。因此，某国或某国某一地区出现的聚集经济将吸引那些寻求创造资产的投资，这一点尤其表现在知识密集型产业中。高质量的电信网络和可靠的运输系统有利于企业快速获取与共享信息和资源，而这对于现代企业，尤其是高新企业来说是至关重要的。随着经济发展的轻质化，基础的物质条件对公司发展的影响在减弱，而一系列的范围广泛的轻质资源，如会计、法律服务、采购和销售、融资和 H&D 活动，以及专业化的资源，如特殊的人力资源的重要性则愈发凸显，一些国家依靠这些后天资源吸引了大量资产寻求型的 FDI，如印度依靠这些资源成为全球服务外包业中心。此外，开放、透明、可预测的投资政策环境，东道国所签订的双边投资协定，避免双重征税协定以及东道国在多边国际投资担保机构中的成员资格等开放型国家政策对投资者所传递的积极信息也同样会鼓励企业寻求创造资产的 FDI。

如今，发展中国家以及转型经济体企业正愈发重视对创造资产的追求，大量此种类型的 FDI 由发展中国家和转型经济体流向发达国家。在“微笑曲线”中，发展中国家处于加工制造环节，产业增加值较低，为了向曲线两端——研发与销售网络升级，发展中国家企业纷纷采取并购发达国家优质企业。

创造性资产寻求型 FDI 的代表性行业有电子信息业，新能源，家电、电子产品制造业。2004 年 12 月 8 日，联想集团以 17.5 亿美元的代价收购了 IBM 公司 PC 事业部。这一“蛇吞象”事件普遍被认为是典型的创造性资产寻求型 FDI，即通过收购获得 IBM 笔记本核心技术、品牌和全球渠道。并购后，新联想成为全球第三大 PC 厂商。

5. 政策寻求型 FDI 的区位决定因素

在东道国经济发展的初期，受国内资本积累、技术水平的限制，东道国一般会采取各种引资优惠措施，提升本国经营的吸引力，降低外资企业经营成本，吸引外资来促进资本积累和国内技术提升。

政策寻求型 FDI 的东道国决定因素有：东道国的优惠政策（即产业政策、贸易政策、外资政策、环境政策、税收政策等政策环境），东道国的政治经济制度及风险高低，东道国的汇率波动幅度等。

20世纪80年代，美国、欧洲实行反倾销政策以限制对电子产品的进口。而日本电子公司为避免支付倾销税金则在欧洲进行投资建厂，并加大对美国、欧洲FDI的投资规模。随着反倾销政策的取消，日本电子公司又开始从美国、欧洲撤离投资，关闭为规避反倾销税金而设立的工厂，或将业务投资转移到其他成本更低、政策更加优惠的国家或地区。中国在改革开放初期，人均收入和储蓄严重不足。1978年我国人均GDP仅381元，城乡居民的存款只有210.6亿元，过低的国内储蓄水平制约了投资水平的提高。此外，我国的外汇储备在20世纪90年代以前严重不足。1978年我国的外汇储备仅1.67亿美元，在1980年甚至出现了负值，为-12.96亿美元，国家有限的外汇不足以支持经济发展所需要的设备、技术和产品的进口，阻碍了我国经济的发展。在这种情况下，大力引进外资的政策就显得十分必要，外资的引入可以有效地缓解国内资金、市场供给、知识技术和管理方面的短缺。为了吸引外资，我国实行了对内外资企业不同的税收制度，给予外资企业以优惠于内资企业的税收待遇。这种“内外有别”的税费制度，对中国吸引外资的进入和引进国外先进技术发挥了重要作用。

3.2 不同类型FDI的撤资和区位转移行为

1. 效率寻求型FDI的撤资和区位转移行为

当东道国劳动力成本的增长速度超过劳动生产率或者物质基础设施的更新放缓，跟不上企业及其产品的生产流通需求时，跨国公司子公司会迁往其他能提供这种优势的国家（地区）。

效率寻求型FDI的移动性较强，因而东道国这类FDI撤资的风险较大。不过这类FDI撤资对东道国来讲可能并不会产生重大伤害，因为这种优势的丧失有时是东道国经济发展进入更高阶段带来的，其促使相对低质量的 FDI 被新的、更高质量的 FDI 所替代。

过去一个世纪，为寻求成本低洼地带，全球工业中心从发达的西方国家逐渐转移到东亚，20 世纪 70 年代，制造业中心从日本转移到“亚洲四小龙”，90 年代，制造业中心从“亚洲四小龙”转移到中国内地，中国成为低成本的制造中心和全球增长引擎。

如今，全球制造业的再分配已经开始。随着中国国内劳动力成本上升、日益增长的城镇人口对岗位和劳动条件的更高要求，以及与低端制造业伴生的严重污染问题，中国正在失去作为低成本生产基地的竞争优势。从生产手包、衬衫到生产基本电子元件的各个领域的制造商都在把业务外迁至东南亚及中国内地等成本更低廉、基础设施逐步改善的地区。制造业的接力棒正在从中国转移到东盟手里，如泰国、菲律宾、越南、印度尼西亚、老挝、柬埔寨和缅甸。此外，全球金融危机后，欧美国家纷纷开始重新重视国内的制造业，如美国提出“重振制造业”“选择美国”战略，以吸引更多外资进入和本土企业投资回流。

2012 年中国外商直接投资减少 3.7%，至 1117.2 亿美元，为 2008 年全球金融危机爆发以来首次出现年度下滑。尽管 2012 年中国实际使用外资减少在一定程度上是周期性的，但应该承认，除了受到我国经济总体减速和欧洲持久的债务危机影响外，国内工资水平上升的长期趋势和其他成本因素造成的竞争力下降，特别是基础制造业竞争力的减弱也是造成这一结果的原因。相比之下，泰国 2012 年外商直接投资飙升约 63%，印尼 2012 年前九个月的外商直接投资也增长了 27%。

根据国际劳工组织、世界货币基金组织及各国劳工部门的统计数据，2006 年—2011 年，美国、加拿大、法国、德国、日本等发达国家的工资水平呈现不增反降的变化趋势。而中国国家统计局统计显示，中国劳动力基本工资年增长率逐年递增，2012 年上半年中国城市居民工资收入相比上年同期增长 13%，农民工工资也上涨了 14.9%，涨幅显著。这使得中国与发达国家的工资差距正在不断减小。以美国为例，中国平均工资对比美国工资的比例从 2006 年的 1/11，增长到 2011 年的约 1/6，差距缩小了近 2 倍；而以同样地处亚洲的发达国家日本为例，中日工资水平的差距在 2016—2011 年也缩小了 2 倍多。另一方面，对比印度、菲律宾、越南等劳动力成本低下的发展中国家，中国的工资水平与其差距也在不断拉大。以越南为例，2006 年，越南的月平均工资只有 254 元，中国的则为 1750 元，二者相差 1496 元；2011 年，越南的月平均工资涨到了 540 元，中国的则涨到 3538 元，二者差距进一步拉大，达到 2998 元。

鉴于生产成本的大幅上涨，中国制造业的成本优势正逐渐失去竞争力。越南纺织品和服装等劳动密集型产业的出口增速都超过了中国，而在 2011 年、2012 年，柬埔寨的出口增速也超过了中国。许多大型制造商正离开中国。阿迪达斯公司宣布将关闭在华唯一一家直属工厂。2000 年全球销售的耐克鞋中，有 40% 产自中国，13% 产自越南。但现在，越南制造的耐克鞋比例为 41%，中国制造的耐克鞋比例为 32%。此外，不少企业也寻求从中国沿海制造业城市迁往成本更低的内陆地区。香港工业总会 2012 年 5 月份所作调查显示，由于成本上升，位于中国珠江三角洲的香港企业中，约有 10% 正在考虑迁往东南亚，而有 13% 考虑迁往中国内陆省份。

2. 市场寻求型 FDI 的撤资和区位转移行为

市场寻求型 FDI 区位转移的情况通常有以下两种：一是当东道国进入国际市场困难时，通常会失去依赖进入国际市场的外国子公司，市场寻求型 FDI 便会发生投资转移。二是当东道国某一行业的生产能力相对过剩时，当初以寻求市场为主要目标而当前已经没有明显技术和品牌优势的跨国公司就会自东道国撤资，而转移到其他适宜的国家（地区）。

1990—2004 年间，欧盟 15 国为寻求新市场向 8 个新成员国投资转移的行业主要是服务业和制造业。从 20 世纪 90 年代开始，一些人口众多的亚洲国家如中国、印度和印度尼西亚，吸引了西欧或者是拉美地区转移过来的大量 FDI，这一方面是这些国家提供了较低的工资和要素成本，另一方面也主要是由于其市场规模巨大。

3. 资源寻求型 FDI 的撤资和区位转移行为

一个适宜的法规环境，利润汇回的能力，管理控制的保证，矿业政策的一致性和连续性对于资源寻求型 FDI 都是极为重要的。因此，不论是作为主要因素的东道国资源的可得性、价格、品质，还是包括东道国的法规、利润汇回政策在内的一个或多个因素发生变化时，资源寻求型 FDI 可能会发生撤资或区位转移。

全球金融危机后，国际能源价格居高不下，各国对能源现状的担忧不断上升，并且对环境的保护更加关注，这导致资源寻求型 FDI 不得不面对更加苛刻和审慎的东道国的各项规制、审查。此外，对于一些大型能源企业以国有形式存在的发展中国家来说，其寻求资源的 FDI 更是受到东道国极其严格的审查，因为这种 FDI 往往被东道国认为是具有某种国家战略存在，造成一些资源类跨国投资被迫取消，或将并购投资目标转向那些国内法律或审查相对宽松的国家。

4. 创造性资产寻求型 FDI 的撤资和区位转移行为

与资源寻求型 FDI 相比，资产寻求型 FDI 的主要动机是获取品牌、技术、市场、人力资源资产，特别是无形的技术、管理等创造性资产。东道国可以创造这些新型的资源——创造性资产，而且政府也能够对此施加影响。创造性资产往往是通过加强创新体系、鼓励知识扩散、制定产业集群政策、鼓励本国公司和外国公司结成伙伴或合作关系等途径是实现的。如果一国在这方面做了实质努力，那么该国将会吸引此种类型的 FDI。而如果这样的努力减弱或跟不上世界发展的步伐，那么原有创造性资产寻求型 FDI 可能会发生撤资或转移。

5. 政策寻求型 FDI 的撤资和区位转移行为

当东道国优惠政策取消或发生变化时，政策寻求型 FDI 容易发生撤资，将投资转移到其他能提供优惠政策的国家去。中国自 2007 年开始调整外资政策，如两税合一、取消或降低进口退税、征收国土税、海关征收加工贸易保证金、实施新的劳动合同法、汇率制度改革、人民币升值的压力加大等，导致企业的生产经营成本大幅上涨，一些加工贸易类的中小型跨国公司自中国大陆撤资，将投资转移到生产和出口成本相对较低的东南亚国家（地区）。同时，一些东南亚国家采取更加优惠的外资政策，进一步促使政策寻求型 FDI 的流入。此外，东道国国有化政策、汇率的不确定性等因素也会造成大量外资的撤离。

3.3 FDI 区位转移的决定因素

FDI 区位转移到底受哪些因素影响？从全球 FDI 区位转移的特点来看，FDI 区位转移并不是由单一因素决定，而是在投资国、投资主体、东道国、东道国以外其他国家各种因素的综合作用下，跨国公司对投资区位再选择的一个过程，是根据其投资动机，结合自身的竞争优势和东道国的区位优势，经过综合决策而确定的。在这些综合影响因素中，东道国自身因素是东道国政府可能直接施加影响的唯一因素。因此，对于 FDI 区位转移的决定因素，本节将侧重从东道国区位优势变迁的角度分析。

1. 东道国经济发展阶段的变化和要素禀赋结构的变化是 FDI 区位转移的前提条件

一国的经济发展阶段是与同期的要素禀赋结构特征相对应的。处于要素驱动阶段的国家一般拥有自然资源要素为基础的优势，处于投资驱动阶段的国家与其规模优势相关，而处于创新驱动阶段的国家则拥有研究与开发方面的优势。具体来讲，在要素驱动阶段，自然资源和劳动力是该阶段主要的要素禀赋优势；在投资驱动阶段，物质资本在价值增值活动中的作用与日俱增，但对劳动力要素的依赖程度仍很大，所以物质资本和劳动力是该阶段主要的要素禀赋优势；在创新驱动阶段，经济发展已进入成熟阶段，从依靠资本投入逐步转变为依靠技术进步和创新活动，所以技术资源和高素质人力资源是该阶段的主要要素禀赋优势。

一般地，东道国的经济发展阶段与其吸收 FDI 的模式是直接相关的。处于要素驱动阶段的国家或地区吸引的主要是资源寻求型 FDI 或者效率寻求型 FDI；当该国或地区从要素驱动阶段向投资驱动阶段过渡时，则主要在资本品和中间产品业中吸收 FDI，同时，将劳动密集型的制造业向劳动力成本低廉的国家或地区进行 FDI 投资转移；当该国或地区从投资驱动阶段向创新驱动阶段过渡时，将会在技术密集型产业领域吸引 FDI，同时，将中间产品的生产环节中向其他国家投资转移。可见，随着东道国经济发展阶段的不断变动，其要素禀赋也是不断变化的动态比较优势，而 FDI 的流入模式是与其经济结构变动相适应的一种资本有序流动，FDI 的区位转移则是由于东道国经济发展阶段变化引致的要素禀赋的比较优势发生动态变化，是对东道国区位要素禀赋变化的一种反应。要素禀赋的动态比较优势变化使得跨国公司的竞争优势相对下降，为保持其竞争优势，跨国公司会将其 FDI 转移到其他东道国去。

2. 经济因素、政策因素和体制因素是FDI区位转移的基本决定因素

效率寻求型FDI区位转移的首要决定因素是成本因素，包括劳工成本、劳动力素质、交易成本、运输成本、土地价格、配套能力、基础设施条件等，而在东道国间各项生产要素中劳工成本差异较大，因此劳工成本通常是劳动密集型制造业中效率寻求型FDI区位转移的第一决定要素。当某一地区的劳工成本优势降低时，效率寻求型FDI便会转移到其他具有劳工成本优势的国家去。在资本、技术密集型产业的生产环节中效率寻求型FDI区位转移的影响因素通常首先考虑的是劳动力素质、运输成本因素。

政策寻求型FDI区位转移受东道国的产业政策、贸易政策、外资政策、环境政策、税收政策等政策环境的影响。当东道国的政策环境发生变化，一方面体现在政策向着封闭的方向变化时，制定限制性政策，如对外国子公司实行全面国有化，能有效地将FDI挡在国门之外。或者东道国制定限制某些产业发展的政策，以及限制高污染、高耗能制造业的环境政策会导致FDI投资转移或撤资。另一方面体现在东道国优惠政策的取消或发生变化，会影响政策寻求型FDI的区位转移，特别是对以享受东道国优惠政策为投资动机的跨国公司，撤资的可能性较大。同时，政策寻求型FDI的区位转移也取决于东道国以外国家的竞争性FDI政策。当东道国以外国家提供更加优惠的外资政策时，政策寻求型FDI便可以在更大的区域范围内进行投资区位选择，根据投资回报和战略需要，会更加自由地在某些国家或地区间投资区位转移。

此外，FDI区位转移还受东道国开放程度、市场结构竞争程度、东道国汇率政策、参与区域一体化的程度等因素影响较大。东道国经济发展阶段越高，市场竞争程度越高，FDI撤资和投资转移的可能性越大。激烈的竞争导致低利润，竞争力差的企业会被逐出市场，引致撤资。参与东道国参与区域经济一体化程度越高，FDI 投资转移的可能性越大。

3. 产业结构调整是 FDI 区位转移的推动因素

从世界经济发展的规律看，各国产业结构调整都经历了从以劳动密集型产业为主，经过以资本密集型产业为主，到以技术密集型产业为主的发展阶段。在这一产业结构升级过程中，技术进步是核心因素。在东道国产业结构升级的过程中，FDI 向外转移也依循同样的顺序，最先转移的是技术含量低的劳动密集型产业，顺次转移中度技术含量的资本密集型产业，最后是技术密集型产业。当然，技术密集型产业不会整体转移，如果整体转移，发达国家就失去了比较优势，不符合其自身根本利益，所以他们要保持对技术密集型产业的绝对控制权。技术密集型产业向外转移的也只是一些非核心的劳动密集型环节，这些环节的向外转移可以降低整体产品成本而不损害发达国家的产业控制权。国际产业转移是伴随着相应的国际直接投资来实现的，东道国产业结构的调整与转移，必然会推动 FDI 区位转移。

4. 国际投资环境的恶化是 FDI 区位转移的外在诱因

受国际经济危机的冲击，国际投资环境恶化，并严重波及国民经济运行。跨国公司投资受到经济危机的沉重打击，发生倒闭或濒临破产。亚洲金融危机就使亚洲许多国家出现了严重的经济衰退，许多受金融危机影响严重的跨国公司出售了其在东道国的国外子公司。如印尼、菲律宾、泰国、马来西亚以及韩国等投资国在金融危机过后，由于本国经济的衰退，纷纷出售了其在海外的投资。

通过以上分析可以看出，外商直接投资是一个动态发展过程，即随着东道国经济的发展，其要素禀赋的比较优势会发生动态变化，当一国的比较优势发生变动后，其产业结构和投资结构也将发生变化。也就是说，当东道国进行产业结构调整时，吸引外资的要素禀赋结构发生变化，为保持竞争优势，跨国公司将调整投资战略，进行投资区位再选择，对新的市场寻求型和成本寻求型产业进行再投资。这种投资转移通常是转向属于同一区域经济集团的其他国家，或者同一国际生产网络体系下。当这一新的投资区位要素禀赋发生结构变化后，这种投资区位转移将会循环重复进行。

跨国公司投资区位转移，是在东道国区位优势变迁的前提下，根据其投资动机，结合自身的竞争优势和东道国以外其他国家的区位优势，经过综合决策而进行的再投资选择。FDI 区位转移实质就是跨国公司投资区位的再选择。同时，东道国区位优势会因受到外部环境的影响而发生相应的变化。随着全球经济一体化和区域经济一体化的发展，国际生产网络体系和区域经济布局将更加趋于合理。某一区域的产业聚集和经济发展将影响资本的流动，从而使该区位的优势发生相应的变化。即现有的区位优势可能会随着成本的提高而丧失，但新的优势也可以随着经济的发展和政策环境的改进而创造出来。

第 4 章　中国沿海地区 FDI 撤资、转移的特点、决定因素和趋势

本章将结合 FDI 区位选择的决定因素，分类探讨我国沿海地区 FDI 撤资和转移的特点；归纳我国沿海地区 FDI 撤资和转移的模式；揭示我国沿海地区 FDI 撤资和转移的趋势。

4.1　中国沿海地区 FDI 撤资、转移的特点

我国当前沿海地区外商投资并未出现大规模集中撤离现象，外商投资转移更多体现在劳动密集型制造业生产环节。具体来说，当前外商投资区位转移呈现以特点：

1. 从行业来看，外商投资转移主要集中在劳动密集型制造业

相对于资本、技术密集型的 FDI，劳动密集型 FDI 的产品附加值低，劳工成本比重高，产品出口比重也高，因此，对成本变化，尤其是劳工成本变化，以及海外市场需求的变化更加敏感。我国沿海地区形成了以劳动密集型加工贸易为主体的外商投资结构。相比于其他类型的投资，这种外商投资产品附加值较低，是典型的效率寻求型 FDI。随着国内经济不断发展，买方市场的形成，劳动力成本、原材料成本和环境成本的上升以及优惠政策的逐步取消，企业经营成本全面上升，劳动密集型产业竞争日趋激烈，企业利润率相对下降，外商投资企业的盈利减

少，特别是劳工成本增长幅度较大，劳动力成本优势下降，导致一些劳动密集型外商投资企业亏损，不得不选择退出中国市场，或转移投资。尤其是服装业、鞋、玩具外商投资转移明显。2009年体育用品巨头耐克关闭了其在中国唯一一家鞋类生产工厂，2012年阿迪达斯也决定关闭位于苏州的在华唯一一家直属工厂；意大利内衣品牌La Perla将生产线从中国移至土耳其和突尼斯；玩具生产商Wham－O决定将一直在中国生产的50%的飞盘和呼啦圈订单转移至美国国内生产。（见表4－1）

表4－1 部分沿海外商投资企业撤离与转移

企业	行业	母公司所在地	去向
Wham－O	玩具	美国	美国
Seesmart	LED	美国	美国
NCR	IT	美国	美国
卡特·彼勒	工程机械	美国	美国
福特	汽车	美国	美国
Sleek audio	耳机	美国	美国
耐克	鞋	美国	越南
惠而浦	家电	美国	美国
本田	汽车	日本	泰国、印尼
丰田	汽车	日本	印尼
富士康	电子	中国台湾	中国河南省等
台泥	水泥	中国台湾	中国广西省
合俊	玩具	中国香港	倒闭
坪山创亿	玩具	中国香港	倒闭
龙岗港声电子厂	电子	中国香港	倒闭

2. 撤离地区主要集中在珠三角地区

珠三角地区是我国改革开放最早的地区，也是我国实际利用外资最多的地区。但近年来，珠三角的人均收入水平和劳工成本不断上升、土地和原材料价格上涨速度明显，速度快于我国中西部和东南亚地区，外资撤离的可能性较大。2012 年消费品生产巨头佳顿因人力成本上升从广东番禺撤离，耳机生产商 Sleek audio 从东莞撤资，富士康也因经营成本上升将位于深圳的工厂转移到劳动力成本较低和政策更加优惠的四川、河南等地，珠三角面临外资进一步撤离的压力。

3. 小型跨国公司更易于撤资

大中型跨国公司实力雄厚、经验丰富，一方面它们更易于获得政府的支持和重视，另一方面总部也会投入更多的资金、管理人员等资源。因此，大中型跨国公司能承受投资初期因为各种不确定因素所导致的高成本低收入，进而获得成功。相反，投资规模较小的在华跨国公司则处于不利的竞争地位，其母公司资本实力较弱且国际投资经验较少，给予在华公司的财务和管理资源有限，无力承担投资初期的亏损，撤资的可能性更大。投资规模较大的跨国公司，沉淀成本高，退出损失大，从而撤资的壁垒更高。因而大中型跨国公司在撤资时往往会遭遇结构性障碍和公司战略障碍。

4. 撤出沿海的 FDI 更倾向转入我国中西部地区

一方面，近年来，我国中西部地区的投资环境不断改善，相对优势有所上升，外资转移的市场条件开始形成。我国东部沿海地区的 FDI 开始向中西部地区转移，集中投向湖南、湖北、江西、四川和重庆等地，尤其是上述省市交通便利、信息沟通快捷、劳工成本较低的中心经济区，成为吸引沿海地区 FDI 的新热点。另一方面，部分企业也考虑将工厂转移至越南、泰国、菲律宾、印尼等东南亚国家。这些国家为吸引我国沿海产业的转移制定了一系列的鼓励政策，劳工成本亦较低，对沿海外资具有一定吸引力，如耐克将其运动鞋生产转移到越南；汽车生产商丰田和本田也加大了对泰国、印尼的投资力度。但由于这些国家的综合配套能力相对不足，产业链不完善，产业转移尚未形成大规模趋势。而相较于东南亚大部分国家，我国中西部地区经济发展水平较高，基础设施完善，对外开放程度高，具有吸引外资的优势。事实上，低成本并不是企业在选择加工厂时唯一的考量标准。优良的产业环境、完善的产业配套、熟练的工人操作、庞大的市场等因素同样不可或缺，而这正是中国优于东南亚国家的地方。2009 年英特尔将上海工厂内迁成都，2010 年戴尔、德州仪器、惠普等国际 IT 巨头选择在成都、重庆建设工厂，富士康也将位于深圳的工厂迁往重庆、四川、湖南、河南等中西部省市，台湾水泥公司将工厂迁至广西，全球最大制鞋企业宝成工业近年来在江西、安徽等多地新设工厂等等。

5. 部分中高端制造业向美国回流

金融危机后，美国政府试图“重振美国制造业”，在税收、外贸、投资等政策方面向制造企业倾斜，并希望以此促进就业。受优惠政策等因素的影响，一些美国企业将位于我国的生产线迁回美国本土，在回迁的制造业中，有不少属于高附加值产业和高附加值环节。通用电气将一家热水器生产企业转移到美国肯塔基州路易斯维尔，制造自动售货机和自动提款机的 NCR 公司把部分 ATM 的生产从我国转移到美国佐治亚州的哥伦布，福特汽车、卡特彼勒也将大部分产品陆续从我国多家代工厂撤回本土生产，苹果也于 2013 年在美国花费 1 亿美元打造生产线等。这种回流的企业还有星巴克、玩具生产商 Wham - O、消费品生产企业佳顿、家电生产巨头惠而浦、高端厨具制造商 All - Clad Metalcrafters、LED 生产企业 Seesmart 等等。

这些回迁的美国企业实际并未全部退出中国市场，而是结合当前中国经济转型，重新部署企业的投资战略。如卡特彼勒，尽管存在回迁现象，但同时卡特彼勒继续扩大在中国投资，随着无锡新厂投入运营，卡特彼勒目前在中国已有24家制造工厂。实际上，更多的美国企业选择在中国追加投资。上海美国商会发布的《2011—2012中国商业报告》显示，多达72%的美资企业2011年增加了对华投资；更有约77%的美资企业表示在2012年将增加对华投资，计划增资幅度超过16%的美资企业达到了37%。

4.2 中国沿海地区FDI区位转移的决定因素

在全面深化改革和经济结构转型升级的过程中，中国总体的区位优势正在逐渐变迁。对于在华投资的跨国公司而言，面对中国产业结构调整升级，吸引外资要素禀赋结构的变化，以及国内外投资环境的变化，为保持竞争优势，必将调整投资战略，进行投资区位再选择。

为了便于考察FDI区位转移的决定因素，本小节根据FDI的投资动机分类，主要考察效率寻求型、市场寻求型和政策寻求型三种类型FDI的投资转移。

1. 经济结构转型升级，诱发外商投资区位转移

中国总体发展阶段发生变化，进入了工业化加速发展时期，重化工时代即将到来。随着中国人均GDP水平的提高，2012年已经达到6100美元，劳工成本上升，这决定了改革开放30多年来依赖劳工成本优势的出口拉动型的经济增长模式面临越来越严峻的挑战（见表4-2）。中国进入重化工业加速发展时代，不仅资源类产品需求扩大推动其价格上涨，而且环境压力与日俱增。这样，企业的环保投入增大，成本上升，改善生态环境已经成为现实的政策选择。受环境成本上升影响，一批制造业的外资企业选择撤离中国，或在国内进行区域调整。

表4-2　中国东部地区职工年平均工资与增长率

年份	年平均工资（元）	年增长率（%）
2008	34730	19.1
2009	37295	7
2010	42540	14.4
2011	48215	13.3

注：我国东部地区包括北京、天津、河北、辽宁、上海、江苏、浙江、福建、山东、广东、海南。

资料来源：根据《中国统计年鉴（2008—2012年）》整理计算得出。

2. 成本上升引发效率寻求型FDI投资转移

跨国公司在面临竞争压力，并旨在减少劳动密集型产品或价值链中劳动密集型工序的生产成本时，会将其相对闲置的生产力转移至国外，以提高生产效率，实现规模经济效益。效率寻求型FDI的投资动机主要在于降低成本（降低生产成本以及运输成本等），提高生产效率。其决定因素包括经劳动生产率调整后的劳动力、原材料及中间产品的成本；能够及时且有成本效率地生产、运送货物至海外市场的基础设施（港口、公路、电力、通信）；利于建立地区性公司网络的地区一体化协定成员资格；自由化的贸易及政府税收政策。其中，效率寻求型FDI的首要决定因素是成本因素，即劳工成本、劳动力素质、交易成本、运输成本、土地价格、配套能力、基础设施条件等。在东道国间各项生产要素中劳工成本差异较大，因此劳工成本通常是劳动密集型制造业中效率寻求型FDI区位转移的第一决定要素。

效率寻求型FDI容易产生投资区位转移。效率寻求型FDI是由于东道国或者东道国某一部门的生产要素成本提高，或者是劳动效率下降，从而使得跨国公司的竞争优势相对下降，为保持竞争优势，跨国公司往往将其生产线转移到生产要素成本更低的国家或者地区。尤其是劳动密集型加工制造业外商直接投资是典型的成本寻求型投资FDI，随着东道国劳动力成本的不断增加，跨国公司会将劳动力密集型、劳动力成本较高的那些产业向劳动力成本较低的国家（主要指发展中国家）进行转移。在资本、技术密集型产业中的生产环节中效率寻求型FDI区位转移的影响因素通常首先考虑的是劳动力素质、运输成本因素。从历史发展的轨迹来看，效率寻求型FDI的区位转移先是从美欧到“亚洲四小龙”，从西欧到中东欧，再到“金砖国家”和其他新兴市场国家。具体到中国来看，香港和台湾劳动密集型制造业之所以将投资转移到珠江三角洲地区，不仅考虑到劳工成本，同时也考虑了运输成本因素。

近年来，中国的要素成本价格已经出现全面上涨，FDI的成本攀升，导致FDI向周边国家和地区转移、在中国国内投资区域调整。当前我国沿海地区劳动密集型制造业外商投资转移主要是由于国内日益增长的劳动力成本和原材料价格推高了企业的经营成本，使企业无法再依靠低成本获取高利润。2008年新劳动合同法的实施，加大了企业的劳动力成本，有些外商投资企业一次性增加劳工成本达30%以上。据中国国家统计局统计显示，中国劳动力基本工资年增长率逐年递增，2012年上半年中国城市居民工资收入相比上年同期增长13%，农民工工资也上涨了14.9%，涨幅显著。这使得中国与发达国家的工资差距正在不断减小，并拉大了与东南亚国家的工资差距，劳工成本大幅度上升，一些劳动密集型的外商投资企业收益率明显下降，甚至亏损，撤出中国市场。如一些劳动密集型、高污染、高能耗的中小企业，如纺织、皮革、家具企业等。与此同时，原材料价格受国际经济形势和国内经济发展的影响也节节攀升。这造成企业经营成本的全面高企，经营压力增大，我国沿海地区吸收劳动密集型加工制造业的区位优势弱化，跨国公司投资转移的趋势显现。

制鞋业巨头阿迪达斯（Adidas）、耐克（Nike）投资转移

2007 年，Adidas 集团下属鞋类产品有一半左右是在中国生产的。2008 年中国最低工资标准提高，Adidas 开始将生产工厂部分地撤出中国，转移至劳动力更便宜的地区。到 2011 年，Adidas 集团的鞋类产品来自中国的比重虽然仍是最大，但已降低到 35%。而印尼、柬埔寨等东南亚国家所占比重上升明显，柬埔寨的份额甚至翻了一番。2012 年 7 月 18 日，Adidas 宣布 10 月正式关闭其在华唯一直属工厂。

Adidas 的竞争对手 Nike 的反应更快。从 2005 年开始，Nike 就逐年增加越南工厂在其制造业中的比重，到 2009 年，越南和中国的订单比重同为 36%。两年之后，越南的比重升至 39%，而中国降至 33%，越南取代中国成为耐克全球最大的运动鞋生产基地。

这两家公司投资区位转移并不是第一次。早在 20 世纪 70 年代，其主要生产基地在日本，由于日元升值，日本劳动力成本上升，它们将生产基地转移到韩国和我国台湾等地区；90 年代，又因成本原因陆续转移到中国大陆。而如今，越南、印尼等东南亚国家成为新的承接地。从投资区位转移的路径可以看出，成本是其考虑的第一要素。

中国沿海地区外商投资向中西部转移：四川的案例

Intel Corporation 上海浦东工厂与成都工厂合并、Unilever 将生产基地从上海迁到合肥等都是中国沿海地区外商投资企业向中国中西部地区转移迈出的一步。四川近年来在吸引外资方

面就有很大的成效。从2002年到2012年，四川实际利用外资增长近15倍。特别是2009年到2012年，全省利用外资255亿美元，是改革开放近30年利用外资总额的1.6倍。2011年全省实际利用外资达110亿美元，居中西部首位，引进外资规模和质量不断提升。

由于看好中国中西部地区开放开发的前景，综合考虑劳工成本、物流运输条件和产业配套能力等要素，富士康、Dell、仁宝、纬创等重大项目企业进驻四川，带动四川跻身全国四大区域电子信息产业基地之列，成都成为全球重要的笔记本电脑生产基地。大批知名汽车企业集聚，形成了以成都为中心，绵阳、资阳和成渝经济走廊沿线城市为配套聚集带的汽车制造业格局。Shell Group of Companies、BASF SE、Linde-gas等知名企业已投资天然气勘探开发及配套产业。近年来，四川年均引进世界500强企业10家以上，在川落户的世界500强企业已达243家。其中，境外世界500强企业183家，有实际投资的达154家，20多家世界500强公司区域总部、研发中心、后台服务中心等功能机构落户四川；设立了7家外资投资性公司，合同外资达7.7亿美元，投资能力超过50亿美元。现代服务业成为外商投资新热点。全球行业排名前十的外资商贸企业及金融机构，50多家国际知名第三方物流企业已落户四川，有力助推西部物流中心、西部商贸中心、西部金融中心建设。

3. 市场寻求型FDI投资转移

市场寻求型FDI是跨国公司为开辟新市场及增加现有市场份额、提高或保持竞争优势而投资于某一特定国家或地区，并向这些国家（地区）以及周边国家、地区的市场提供商品和服务。市场寻求型 FDI 的动机在于巩固和扩大原有市场、开辟新市场，避开各类贸易壁垒，跟随竞争者，直接或间接进入当地市场，为当地市场提供更多的服务，其决定因素是东道国的市场规模和人均收入、市场增长、区域性和全球性市场准入、一国特定的消费者偏好、市场结构等因素。市场寻求型 FDI 区位转移的情况通常有以下两种：一是当东道国进入国际市场困难，通常会失去依赖进入国际市场的外国子公司，市场寻求型 FDI 便会发生投资转移。二是当东道国某一行业的生产能力相对过剩时，以寻求市场为主要目标而没有明显的技术和品牌优势的跨国公司在东道国投资就会撤资，调整投资战略，将投资转移到其他目标市场国家去。

（1）国内竞争加剧引发市场寻求型 FDI 投资转移。

中国在引进外资的过程中，为了避免市场垄断，往往在同一领域引进多家跨国公司。跨国公司大规模的进入，极大地提高了中国市场的竞争强度。这些竞争主要来自两方面：一方面来是自其他在华投资的跨国公司；另一方面是来自快速成长的中国本土企业。在跨国公司之间的竞争中，一些弱势的中小跨国公司和不适应中国市场的大型跨国公司投资的企业也被并购或淘汰出局。韩国一些企业在中国市场竞争失利就是例证。

而本土企业“挤出”跨国公司成为当前一亮点。这是由于在与跨国公司长期的竞争合作中，一批国有企业、股份制企业和民营企业迅速成长起来，形成了本土企业的竞争优势。中国企业的优势可以划分为两类：一是来自“本土”的比较优势，包括掌握低成本的生产要素，熟悉本国市场环境，拥有丰厚的人脉关系等；二是来自跨国公司技术外溢产生的后发优势，可以借鉴模仿国外的先进技术和管理经验。随着中国本土企业的成长，不仅保持或抢占了部分市场份额，甚至使一些跨国公司被迫退出，其中，啤酒业、家电业、移动电话和乳品等行业这种情况最为突出。

达能乳业因无法与本土企业竞争被迫暂时停产

从1987年进入中国后至今法国巨人达能集团曾运用合资和并购两大利器一度辉煌。2007年底，达能与光明、蒙牛合资终止后，其在中国的奶制品特别是酸奶方面的业务几近覆没。自此，达能改变投资战略，从合资走向独资。2007年12月，达能收购上海妙士乳业后的达能乳业上海公司正式启动独资战略。达能集团收购上海妙士乳业有限公司的土地使用权、厂房和设备等资产，成立达能乳业（上海）有限公司，2012年初达能乳业上海工厂建成投产，2012年12月5日达能乳业上海有限公司宣布因无法与本土企业竞争被迫暂时停产。

美国家电零售巨头百思买关闭中国门店

2011年2月22日，美国家电零售巨头百思买宣布关闭其在中国内地的全部9家门店，同时关闭位于上海的零售总部，并将在中国的经营业务整合到旗下全资子公司五星电器品牌中。

从2003年进入中国市场期间，百思买中国门店采用的经营模式是——“买断经营+现款现货”，而在国内两大竞争对手国美和苏宁则采取“代销+经销”方式，百思买“薄利多销”的美国运营模式在中国市场上毫无竞争力可言。在国内零售行业激烈的市场竞争下，国美和苏宁实力规模超强，百思买无力竞争，最终被迫退出。

（2）市场结构变迁、产能过剩引致市场寻求型 FDI 投资转移。

在经济体制转轨初期，我国无处不在的市场短缺给包括外商在内的投资者提供了巨大的商机，跨国公司在对中国市场乐观的预期下大举对华投资。然而，伴随着经济的高速增长，中国市场的供给快速成长，20 世纪 90 年代后期，中国基本结束了经济短缺，多数产品形成了买方市场。近几年来，中国政府施行了多项政策措施以拉动内需，但是大多数产品供过于求的状况仍未改善。早在 2004 年中国商务部对国内市场 600 种主要商品供求调查结果表明，供过于求的商品有 462 种，占 77%，而供求基本持平的商品为 138 种，占 23%，没有供不应求的商品。2006 年以来，除能源和一些矿产资源类产品外，其他投资品和消费品大都处于供过于求的局面。

中国已经饱和的市场，使得那些以寻求市场为导向而又没有明显技术和品牌优势的跨国公司在华投资很难成功。对于一些拥有资金、技术和品牌优势的跨国公司，由于其定位于高端产品的生产销售，也使其在华投资的盈利无法抵偿投资成本。如电力行业跨国公司在华撤资，最重要的原因便是 15% 的投资回报率无法得到满足。20 世纪 80 年代末期，中国电力需求旺盛，政府为鼓励外资进入中国电力市场，提出了保证 15% 的年固定回报率的条件。这一措施吸引了世界上众多大型电力投资商纷纷来华投资。然而，1999 年中国出现电力供应过剩，2002 年国务院声明“固定回报率”属于违规优惠政策，取消了固定回报政策，跨国公司不得不重新认识中国电力行业的经营环境。2002 年以来，外资大举撤出电力行业。

外资电力最后大撤退：AES 出售火电资产

在残酷的中国火电市场，外资电力正在酝酿着最后的大撤退。如果把2000—2001年外资电力公司纷纷退出中国市场称为第一次浪潮，2004—2005年外资电力公司撤出中国市场的行为称为第二次浪潮，那么以AES为代表，外资火电商撤出中国的第三次浪潮已经到来。

美国AES公司是世界上最大的独立电力公司。20世纪80年代末期，中国电力市场需求旺盛，而中国电力市场供给严重不足，缺电、缺钱、缺技术、电力投资不足。为吸引外资，政府向外资电力公司提出“三保证”的优惠政策，即保电量、保电价、保回报，许以外方固定的投资回报率（高达15%～20%）。优厚的条件使得外资趋之若鹜，众多外资电力厂商被吸引过来。1993年，AES主要以合资建厂的方式在华办电厂，成为首家进入中国市场的美国电力公司。但在经过国内电力重组和电力体制改革之后，1998年，中国出现严重的电力过剩，政策随之由鼓励变为限制，各地逐渐取消了对外资承诺的15%固定回报率政策，一大批外资电力公司选择退出中国电力市场。经过几轮外资撤退大潮之后，AES成为目前仍在中国运营的为数不多的外资电力公司之一。

由于传统电厂生产成本不断升高，电价下调使AES火电业务面临诸多压力，而新能源发电已成大势所趋。出售传统电厂而发展新能源电厂，是AES的战略转变。2012年AES开始在为其在中国的火电资产寻找买家。

4. 外资政策调整诱发部分政策寻求型 FDI 区域转移

在东道国经济发展的初期，受国内资本积累、技术水平的限制，东道国一般会采取各种引资优惠措施，提升本国经营的吸引力，降低外资企业经营成本，吸引外资来促进资本积累和国内技术提升。政策寻求型 FDI 区位转移的决定因素有东道国优惠政策，如产业政策、贸易政策、外资政策、环境政策、税收政策等政策环境，以及东道国的政治经济制度及风险高低，东道国汇率波动幅度等。

政策寻求型 FDI 发生撤资和区位转移通常有四种情况：第一，当东道国优惠政策取消或发生变化时，政策寻求型 FDI 容易发生撤资，将投资转移到其他能提供优惠政策的国家去。或者东道国制定限制某些产业发展的政策，以及限制高污染、高耗能制造业的环境政策会导致 FDI 投资转移或撤资。第二，当某些国家采取更加优惠的外资政策时，会诱发政策寻求型 FDI 转移流入。第三，政策寻求型 FDI 对东道国政治经济制度、政治局势变动带来的政治经济风险比较敏感，高风险的政治经济体制环境容易引发外资的大量撤离。第四，东道国的汇率政策变动或汇率剧烈波动对于政策寻求型 FDI 也有很重要的影响。汇率波动使得跨国公司经营成本和未来收益面临很大的风险。在汇率不确定的条件下，跨国公司退出东道国市场的可能性较大。

中国政府在改革开放初期便对外商投资企业实行了多项优惠政策，跨国公司在华投资企业可以获得较高的投资收益率。优惠政策增强了对跨国公司的吸引力，尤其是政策导向型的外商投资企业对政策变动的敏感度更高。

然而，中国随着经济的发展，特别是在加入 WTO 以后，在给予外资企业国民待遇的同时，也逐步清理乃至取消了对外资企业的超国民待遇。自 2007 年开始，为了创造平等竞争的市场环境，中国对外资政策又进行了一系列调整，从以税收激励为主的优惠政策转向以公平竞争机制为主的规制政策。调整外资政策，如两税合一、取消或降低进口退税、征收国土税、海关征收加工贸易保证金、实施新的劳动合同法，以及汇率制度改革、人民币升值的压力加大，导致企业的生产经营成本大幅上涨，一些加工贸易型中小跨国公司撤资，将投资转移到东南亚低生产成本和出口成本的国家。同时，受外资政策调整的影响，一些高耗能、高污染行业的外资撤出。

金融危机爆发后，许多国家为恢复国内经济，纷纷放宽对外商投资的限制，竞相采取各种形式的财政和金融激励措施，制定更加优惠的外资政策，吸收 FDI，使得中国在吸引外资中面临更多的竞争，我国东部沿海地区外商投资企业撤离，投资转移到越南、马来西亚、印度尼西亚等周边国家。

富士康投资向中西部地区转移

富士康作为全球最大的电子产业专业制造商，在珠三角地区先后建成深圳、佛山、中山等科技园，并确立深圳龙华科技园为集团全球运筹暨制造总部，旗下三家企业连年进入深圳市企业营收前十强和纳税前十强，每年为深圳税收贡献超百亿元。2010 年，深圳富士康发生了震惊全国的“十二连跳”后，富士康将产线陆续内迁到郑州、成都等内陆城市。

富士康为何会离开深圳这片发家致富的热土？员工跳楼所引起的舆论谴责只是表面原因，其内迁的根本原因是不同地区政策优惠变化的对比。

富士康作为台资企业，在深圳一直享有税收上的优惠。一般而言，税收要占到毛利润的 15% ~20%，但根据《国务院关于实施企业所得税过渡优惠政策的通知》，2008 年 1 月 1 日起，原享受低税率优惠政策的企业，在新税法施行后5年内逐步过渡到法定税率。富士康作为一家在深圳已经享受优惠政策5年以上的大型外商独资、加工贸易型企业面临丧失免税的“特权”。相比之下，河南的招商政策给了富士康可谓“贵宾”的待遇。以富士康工厂所在的郑州出口加工区为例，政府对出口企业按出口收汇核销额，每美元分别给予0.01元、0.02元和0.04元人民币的奖励。出口加工区生产性外商投资企业除享受此优惠政策外，还享受企业所得税“两免三减半”的优惠政策。所谓“两免三减半”政策是指外商投资企业可享受从获利年度起2年免征、3年减半征收企业所得税的待遇。对设在中西部地区的国家鼓励的外商投资企业，在5年的减免税期满后，还可延长3年减半征收所得税。郑州对富士康的吸引力不仅表现在税收政策的优惠上，也表现在土地政策的优惠上。税收和土地政策的双重优惠使得郑州在内地无数“争夺”富士康的竞争中脱颖而出，获益匪浅。郑州海关数据显示，2011年河南省进出口额达326.4亿美元，与2010年相比增长83.1%。2011年，富士康集团进出口合计94.7亿美元，占河南全省进出口总值的29.0%。经测算，2011年河南全省进出口增幅中有52.6个百分点由富士康集团拉动。

改革开放初期，东部沿海地区实施各种优惠政策以吸引外资，但随着中国市场经济发展和对外开放，东部沿海经济特区在税制等政策上的优势消耗殆尽。相较之下，“西部大开发”和“中部崛起”战略使得中西部地区在政府的政策支持上更具有优势。中西部地区更具优惠性的外资政策是富士康“内迁”的很大动因。

5. 国际经济环境的变迁加速投资外移

国际经济环境变化引起的跨国公司在华投资撤减，主要表现在两方面：

一方面，母国经济不景气，会限制跨国公司进行海外投资的能力。金融危机席卷全球后，世界经济复苏缓慢，欧洲主权债务危机短期无法解决，母国经济不景气加速东部沿海地区外商直接投资撤离。首先，美国“债务上限”问题将长期困扰美国，“重振制造业”计划将导致美国制造业企业向本土回流，减少对华投资。欧洲主权债务危机虽然日渐趋稳，但经济复苏前景仍不乐观。世界主要市场的欧美陷入困境将拖累日本、韩国、中国香港、中国台湾经济。作为东部沿海主要的 FDI 来源地，其经济的不景气使一些外资企业的母公司不得不收缩投资战线，调整投资布局，导致对中国大陆的投资能力下降，FDI 流入减少。有的外资企业甚至要处置优良资产，变现在中国投资的资产，撤离中国大陆市场，以缓解自身资金链紧张的局面。

另一方面，国际竞争也会导致 FDI 的区位转移。虽然中国的劳动力成本在全球范围内仍然比较低，但沿海地区的劳动力成本在亚洲范围内已经不具有明显的竞争优势。2011 年，越南的月平均工资只有 540 元，中国则达到 3538 元。同时，随着国际投资环境的改善，越来越多的国家和地区采取各种形式的激励措施吸引 FDI。来自其他国家或地区的竞争，使中国沿海地区的区位优势减弱，诱发了部分外资企业的投资转移。

日本汽车企业投资重心向东南亚转移

中国一向是邻国日本汽车行业的一个巨大市场，然而近年来，由于中日钓鱼岛争端，两国贸易关系受到严重影响，日本汽车在中国的市场份额大跌，日系车在中国的市场占有率曾一度高达30%，2012年11月市场份额占有率下降到8%。而同年，在泰国和印尼六国，日系车销量比上年增长了约40%。东南亚国家目前与日本没有直接冲突，投资风险性小，且与东盟国家签订自贸区协定较多，贸易便利，因此，日本汽车行业开始暂缓或减少对中国投资，向东南亚进军，企图扩大自身在东南亚的竞争力。2012年3月，本田汽车拟投资300亿日元，在印度尼西亚雅加达新建工厂，目标是把印尼培育成本田在东南亚的第二大生产基地。2012年10月18日，丰田汽车表示将斥资5.08亿美元对印尼一家发动机厂进行扩建，计划到2015年将该工厂的柴油发动机产能扩充一倍以上。

中日政治冲突导致中国市场对于日本投资者来说变得极为不稳定，从而缩减投资。而东南亚市场拥有很大的成长空间，为了开辟新市场，日本汽车企业将厂家搬到东南亚，加速在东南亚的投资布局。虽然日本汽车企业投资重心向东南亚转移，但是日本的最终市场还是在中国，而且日本企业界也认识到，中国仍是世界消费快速增长的市场。

4.3 中国沿海地区 FDI 撤资、转移的趋势

随着国内外经济环境的激烈变动，FDI 的区位优势也在发生明显变化。我国沿海地区 FDI 正从出口导向型为主向市场导向型为主转化，从劳动密集型为主向高新技术型方向转化。当前，中国沿海地区外商投资虽未出现大规模集中撤离现象，FDI 转移更多体现在劳动密集型制造业生产环节，但是，东部沿海地区吸收 FDI 的区位优势正在逐渐变迁，劳

动密集型制造业外商直接投资区位转移风险凸显。

东部沿海地区 FDI 撤资和转移的趋势主要呈现为三个：东部沿海地区成本寻求型 FDI 会持续撤离；撤离东部沿海地区的 FDI 更倾向于流入我国中西部地区而非东南亚国家；沿海向内地转移的劳动密集型 FDI 将面临二次转移的风险。

4.3.1 东部沿海地区市场寻求型 FDI 将会持续撤离

从国际环境角度来看，在金融危机席卷全球后，世界经济复苏缓慢，加之欧洲主权债务危机又让世界经济雪上加霜，母国经济不景气加速东部沿海地区外商直接投资撤离。

首先，美国的“债务上限”问题仍悬而未决，“再工业化”战略将导致美国制造业企业向本土回流，减少对华投资。欧洲主权债务危机虽然日渐趋稳，但经济复苏前景仍不乐观。作为世界主要市场的欧美陷入困境，连带使得日本、韩国经济陷入衰退，中国香港、台湾等经济体深受重创。据联合国贸发组织统计数据，2009 年中国香港、台湾实际 GDP 均出现负增长，同比增速分别为 -2.66% 和 -1.93%。作为东部沿海主要的 FDI 来源地，其经济的不景气使一些外资企业的母公司不得不收缩投资战线，调整投资布局，导致对中国大陆的投资能力下降，FDI 流入减少。有的外资企业甚至要处置优良资产，变现在中国投资的资产，撤离中国大陆市场，以缓解自身资金链紧张的局面。[①] 埃森哲公司全球战略总裁马克·斯佩尔曼认为，虽然 2013 年的全球经济形势总体上会稍好于上年，但发达经济体的增速将依然以 1% 左右的速度缓慢增长，这种外部环境可能会带来一些挑战。未来几年内，全球经济仍将处

① 桑百川. 中国沿海外商直接投资外移趋势分析［J］. 当代亚太，2009（3）：69.

于极为缓慢的复苏当中，外资企业尤其是港台资企业撤离东部沿海的行为仍将持续。

其次，新兴市场国家处在上升期，东南亚国家对外资吸引力加强。《2012 年世界投资报告》显示，全球最有吸引力的外商直接投资目的排名中，中国、印度和印度尼西亚这三个亚洲国家分别位列第一、第三和第四。2010 年，东南亚地区整体实际 GDP 增长速度达到 7.99%。其中印度尼西亚实际 GDP 增速为 6.1%，马来西亚为 7.19%，越南为 6.78%。从宏观的经济增长趋势上来讲，东南亚让外商看到了充足的增长前景。除此之外，东南亚国家自身的区位优势也在发生变化，劳动力素质有所提高，以越南为例，越南劳动力资源丰富，现拥有 8600 多万人口，全国人口识字率达到 94%。① 再加上廉价的优势，越南的劳动力可谓“物美价廉”。相较于劳动力成本不断上涨的珠三角，东南亚国家显然具有更大的吸引力。

最后，东南亚加大吸引外资力度。东南亚国家积极制定政策法规鼓励外商投资。越南于 2006 年 7 月 1 日实施新《外商投资法》，扩大了外商投资的自主权限，增加了投资形式。外商投资的优惠政策进一步加强，外商投资管理体制进行改革，专门设立外国投资管理局，同时简化政府审批手续，下放审批权限。② 印尼持续放宽对于外商投资的控制，取消限制措施，出台一系列外资政策，使准许手续更快速、更简便、更透明，并且简化了外商投资申请的批准手续，申请批准时间大大缩短。除此之外，印尼还采取措施鼓励外资，规定外企自用机械设备、零配件

① 张鲁青，桑百川．我国东部、中西部及周边国家 FDI 区位优势比较［J］．国际经济合作，2009（12）15.

② 张鲁青，桑百川．我国东部、中西部及周边国家 FDI 区位优势比较［J］．国际经济合作，2009（12）：14.

及辅助设备等资本物免征进口关税恶化费用、外企两年内自用生产原材料免征进口关税和费用、生产出口产品的原材料可退还进口关税等有利于外商直接投资的条款。[①] 2007 年，菲政府 28 个部门领导共同签署了一项旨在提供优质投资环境、吸引更多资本投资的备忘录。菲政府 28 个部门以投资署为首成立一个投资促进小组，该小组通过部门间的紧密联系，为投资提供优质的服务，简化投资程序。诸如此类，东南亚一系列吸引外资的政策会进一步促使外资撤离我国东部沿海地区。

从国内环境角度来看，第一，东部沿海地区各项成本大幅上升。改革开放 30 余年来，珠三角获得“世界工厂”的地位，也是全球产业分工的选择。不过在中国加入 WTO 后，经济特区在税制等优惠措施方面的优势逐渐消失，靠优惠政策吸引外商投资日益难以为继。[②] 同时，随着经济的发展，东部沿海地区不光在各经济指标上表现出众位于全国前列，土地、能源、劳动力、环境等成本有也居高不下。珠三角地区是中国开放较早的地区，外资聚集效应到一定程度以后，可利用土地面积减少，按照供求关系，土地成本越来越高，对 FDI 起到了明显的抑制作用[③]；2008 年新《劳动合同法》的颁布进一步提升了企业的用工成本。同时人民币不断升值的趋势使得珠三角地区所依赖的成本优势被进一步蚕食。制造业本不甚丰厚的利润空间遭此压缩，导致外资企业纷纷撤出以寻求成本更加低廉的地区。

第二，中国产业结构优化升级压力凸显。我国加工贸易早期从服装、鞋帽、纺织、玩具等劳动密集型产品起步，通过加工贸易承接发达

---

① 条款摘自《印尼吸引外资政策》中国——东盟博览会官方网站。

② 桑百川，王拾．珠三角利用外资面临的挑战及应对理念［J］．特区经济，2006，2：2.

③ 史修松．开放条件下 FDI 企业转移的影响因素研究——以长三角、珠三角为例［J］．技术经济与管理研究，2011（2）：106.

国家、新兴工业化国家和地区转移的劳动密集型产业和某些中等技术产业，充分发挥劳动力比较优势、沿海地区地理条件优越等因素作用，东部沿海地区在这一轮国际产业转移中抢占了先机，依靠自身优势快速吸引外商投资，带来自身经济增长。然而，随着我国经济发展，人均收入逐步提高，2011 年我国人均收入达到 5400 美元，中国跨入中上等收入国家行列，面临中等收入陷阱的威胁。如果不改变发展方式，促进产业结构升级，提升自身在全球价值链中的位置，那么曾经的低成本优势丧失、新的优势尚未发掘会导致中国经济增长缺乏动力无以为继。中国面临新一轮的国际产业转移，珠三角却没有再一次抓住机遇。至今，珠三角依然是中国著名的制造业基地，其研发和市场两头在外，本身缺乏原发性的技术和品牌，仍处于世界产业分工体系的地段，大多数企业从事低端低档产业的加工与装配，主要依靠劳动力成本优势，总体技术水平低，缺乏自主知识产权，制造业中关键的核心技术仍为外商所垄断。在调整产业结构的巨大压力面前，珠三角的自主研究开发和技术创新能力却相对薄弱。① 原有优势丧失，新的优势又尚未开发，在中国产业结构优化升级的过程中，珠三角落在了后面，不再受外资企业的青睐。

第三，中国引资政策趋严。改革开放之初，我国为吸引外资促进国内经济发展，曾经给予外商直接投资超国民待遇，对外资企业一直采取税收优惠、投资优惠、外汇管理优惠等许多优惠政策。这些优惠政策在我国开放初期对吸引外资确实产生重要作用，但随着我国经济发展，这些优惠措施也渐渐削弱。随着我国加入 WTO，外企在中国逐渐从“超国民待遇”转变为“国民待遇”。“两税合一”意味着外资企业在税率上享受的优势面临终结，和内资企业站在同一起跑线上。不仅如此，中

① 桑百川，王拾．珠三角利用外资面临的挑战及应对理念［J］．特区经济，2006，2：3.

国对待外资引进开始采用更谨慎的态度，主要体现为项目行政审批趋严和环保审批趋严：2006 年 4 月，商务部等 4 部委联合下发了《关于外商投资的公司审批登记管理法律适用问题的执行意见》，对外资登记文件和程序、监督管理等方面进行了规范，客观上给外资企业的设立、审批、登记造成了一定的困难和障碍，项目推进被大大延时。不仅如此，为了限制外资热钱进入我国房地产业，单独对外商直接投资房地产作了特殊规定。一系列政策的颁布使得新批外资房地产公司基本失去可操作性；在环保方面，2010 年国务院公布《关于进一步做好利用外资工作的若干意见》作为一份标志性文件，意味着“无条件外资优先时代”的终结。这份文件主要是结合国家产业调整要求，鼓励外资投向高端制造业、高新技术产业、现代服务业、新能源和节能环保产业，严格限制“两高一资”（高污染、高耗能、资源型）外资，防止钢铁、水泥、平板玻璃、煤化工、多晶硅、风电设备等产能过剩领域的盲目扩张，依靠法律法规和环境保护规定、排放标准来对投资进行约束。这意味着“对于过度消耗能源和资源，制造污染的外国投资，中国再也不欢迎了”。部分外资将因此难以进入包括东部沿海地区的整个中国市场。

4.3.2 撤离的 FDI 更倾向于流入我国中西部地区而非东南亚国家

1. 从外部角度来看，外商投资者依然看好中国市场

尽管东部沿海地区吸收 FDI 的前景不甚乐观，甚至整个中国大陆近年来 FDI 的流入速度都在放缓，但是根据《2012 年世界投资报告》显示，中国依然是最被看好的投资目的地，中国市场依然是众多西方企业发展战略的重要组成部分。尽管中国的外商投资环境在过去十年发生了变化，外企在中国市场面临的竞争更加激烈，经营状况随之变得更加困难，但投资环境改变并不意味着恶化，世界投资者依然看好中国。2008

年金融危机重创全球，FDI亦未能幸免，几乎世界主要经济体FDI流入量都同比大幅度下降。东盟FDI流入量同比下降41.29%，欧洲下降36.72%，美国下降53.13%，世界平均下降33.11%，而中国却实现了同比29.68%的增长①，可见外商投资者对中国市场抗风险性的信心。

2. 从我国自身情况来看，中西部地区自身优势正在逐渐显现

近年来，我国中西部地区的投资环境不断改善，相对优势有所上升，引导外资转移的市场条件开始形成。我国东部沿海地区的FDI开始向中西部地区转移，集中投向湖南、湖北、江西、四川和重庆等地，尤其是上述省市交通便利、信息沟通快捷、劳工成本较低的中心经济区，成为吸引沿海地区FDI的新热点。② 整体来讲，中西部地区幅员辽阔，自然资源较为富足，中西部地区矿产资源占全国的60%，天然气占全国的40%以上，锂、镍、铂族金属、石棉储量占全国80%，水能资源占全国的83%，开发潜力巨大，可利用价值高。而相较于东南亚大部分国家，我国中西部地区经济发展水平较高，基础设施完善，对外开放程度高，具有吸引外资的优势。总体上看，目前我国中西部地区与东南亚相比更具有综合优势，撤出东部沿海地区的外商直接投资会更倾向于流入我国中西部地区而非东南亚国家。

3. FDI污染密集型产业开始向环境标准低的中西部转移

近年来，中国对外资的准入领域逐步放宽，同时也在不断提高环境管制门槛，由于区域发展的差距和行业差别，中国利用FDI的区域结构和行业结构发生了重大变化。污染密集型产业从环境标准高的东部地区开始向环境标准低的中西部转移，中国大部分地区将面临严峻的环境污

---

① 根据unctad数据整理得出。

② 张鲁青，桑百川．我国东部、中西部及周边国家FDI区位优势比较［J］．国际经济合作，2009（12）：15.

染的挑战。总之，在中国环境状况恶化的影响因素中，外资是一种不容忽视的外部力量，应从严格环境政策、制定可持续发展的外资产业政策和提升公众环保意识等方面实现外资增长和中国各区域环境改善的协调发展。

4.3.3 沿海向内地转移的劳动密集型FDI将面临二次转移的风险

沿海地区传统产业向内地转移并非长久之计，转移到内地的产业在未来5~10年内将面临二次转移难题。我国沿海地区正进入传统产业大规模转移阶段，未来5年，产业转移的速度会加快，规模会继续增大。这是制造业全球第四次产业转移的开端，也是全球化继续发展的大势所趋和模式再现。日韩等国的经验显示，大规模的产业转移发生在人均GDP 1万美元的阶段。

沿海向内地转移的主要是劳动密集型产业，使内地劳动力需求增加，劳动力成本迅速上升，同时，物流成本提高，土地、资源成本攀升，内地要素成本优势削弱，将降低产业竞争力。目前，中西部地区工资上涨幅度高于沿海地区，2013年，华东地区工资增长率为7.8%，华中、西北地区分别为11.2%和10.6%。一旦工资差距消失，中西部地区将不再有低劳动力成本优势，劳动密集型产业将重新面临二次转移的风险。

第 5 章　中国吸引 FDI 国际竞争力评估

当前世界经济复苏艰难，国际经济动荡下行，全球投资乏力，投资保护主义抬头，欧美等发达国家推动再工业化战略，投资回流趋势凸显。新兴市场国家为吸收外资竞相推出激励措施，引资能力逐渐增强。而国内全面深化体制改革加速，经济结构调整加快，劳动力等要素成本上升影响，吸收外商直接投资（Foreign Direct Investment，FDI）的低成本优势削弱，东部沿海地区劳动密集型外商投资谋求向中西部地区以及东南亚周边国家投资转移的趋势加强，中国外商投资环境正经历着深刻变化。面对国内外投资环境的变迁，深入分析中国吸收 FDI 竞争力的影响因素，及时评估中国吸收 FDI 的国际竞争力现状，准确把握中国与其他国家吸收 FDI 竞争力的动态变化，综合考量外商投资推动我国经济发展的潜力空间，有助于我们在新一轮改革开放中为外商投资创造稳定而有吸引力的环境，找准提升我国吸收 FDI 国际竞争力的落脚点。

5.1　吸引 FDI 国际竞争力研究评述

对于吸收 FDI 国际竞争力的研究是基于 FDI 东道国决定因素理论研究的基础上拓展开来的。Dunning（1993，2004）根据不同投资类型从区位优势的角度提出东道国吸收 FDI 的影响因素。在考察传统 FDI 影响因素的基础上，UNCTAD（1998）在回归模型中引入政治稳定性变量，来解释发展中国家提高 FDI 吸引力的影响因素。鲁明泓（1999）用近 100 个国家或地区 1994—1995 年的数据对制度和法规因素进行了定量分析，发现一个自由开放的经济体制、完善的法律制度和清廉高效的政府将会为国际直接投资提供良好的外部“软”环境。Stein 和 Daude（2001）采用世界银行治理指标中的制度质量进行研究，结果发现：制度质量与吸收 FDI 存在正效应。Globerman 和 Shapiro（2002）运用 1995—1997 年的数据对发达国家和发展中国家进行实证分析，研究认为：一国 FDI 的吸引力受到国家政治基础结构因素的强烈影响。Busse 和 Hefeker（2007）运用 83 个国家 1984—2003 年的数据和 12 个政治风险代理指数对 FDI 进行实证分析，研究发现政治稳定等因素对 FDI 具有显著的决定作用。Bengoa 和 Sánchez－Robles（2003）运用 18 个拉丁美洲国家 1970—1999 年的面板数据进行实证分析，研究发现经济自由度（根据加拿大智库弗雷泽研究所指数）对 FDI 具有明显的决定作用。

UNCTAD（2002）首次提出 FDI 吸引力指数（Attraction Index）和 FDI 潜力指数（Potential Index），分别用以衡量和评价各国经济体吸收 FDI 的业绩与潜在优势。在国民经济衡量成为政策决策的一个重要工具的前提下（Lall，2001），FDI 吸引力指数与 FDI 潜力指数的提出，为国家间吸收 FDI 竞争力的比较提供了较为科学与客观的评判依据。为进一步深入评估外商直接投资环境，更好地为政策制定者提供参考依据，UNCTAD（2012）又引进了一个新的指标，即 FDI 贡献指数（Contribution Index），用以衡量 FDI 对东道国经济发展的贡献程度。然而，由于指标体系的构建困难繁杂，以及相关数据的不易获得，现有运用 FDI 吸引力指数与 FDI 潜力指数来对各国 FDI 流入的竞争力分析比较少，而对 FDI 贡献指数的关注则更是寥寥无几。何菊香、汪寿阳（2007）直接采用 UNCTAD 所构建的指标体系以及计算所得的指数数据，对“金砖四国”1990—2005 年的 FDI 业绩指数以及 1990—2004 年的 FDI 潜力指数进行了对比分析，发现中国引进 FDI 的业绩高于巴西、印度和俄罗斯，但优势空间正逐步缩小，而在引资潜力方面，中国的 FDI 潜力指数高于印度和巴西，但远落后于俄罗斯。鲍洋（2012）对 UNCTAD 的 FDI 潜力指数进行修正，利用修正后的 FDI 潜力指数，对“金砖国家”2008—2010 年的引资竞争力进行比较分析，结果表明，中国是“金砖国家”引进 FDI 的潜力指数最高的国家，俄罗斯对于吸收资源密集型 FDI 的潜力较高，中国和印度则在效率寻求型和市场寻求型 FDI 上表现出较强的引资潜力。桑百川等（2013）根据新兴经济体引进 FDI 的特点，对 UNCTAD 的 FDI 潜力指数进行修正，运用修正后的指数对新兴经济体的 FDI 潜力指数进行比较分析，结果表明，“金砖国家”引进 FDI 潜力指数比“新钻国家”高，且增长速度更快。

从现有的文献看，对于东道国吸收 FDI 竞争力的研究主要采用 FDI 东道国区位决定因素的代理指标进行分析，但这方面的研究仍存在两方面的不足：

一是指标选取不够全面。现有研究大都采用 FDI 吸引力指数或者 FDI 潜力指数来分析东道国吸收 FDI 的竞争力，很少有从 FDI 对东道国经济发展影响的角度分析，对以 FDI 贡献指数为角度来考察东道国的引资环境并未给予足够的重视，与此同时 FDI 潜力指数却剔除了诸如研发支出、高水平的人力资本等变量，过于考虑没有研发投入的发展中国家和一些最不发达国家，忽略了具有研发支出的发展中国家，从而丢失重要的评价信息。

二是忽视了制度因素。现有的研究重在考虑经济因素对 FDI 流入的影响，却忽略了政府政策和制度环境对东道国吸收 FDI 的影响。实际上东道国政府政策的稳定性和连贯性以及良好制度的保障对吸收 FDI 具有更重要的影响。

为弥补现有研究不足，同时为了更好地考证中国在全球吸收 FDI 的竞争力状况，特别是与中国引资形成冲击的东南亚周边国家和一些新兴市场国家的 FDI 国际竞争力状况，本章构建了 FDI 国际竞争力指标体系。该体系是以 UNCTAD（2012）所提出的 FDI 吸引力指数、FDI 潜力指数和 FDI 贡献指数为基础，由于 FDI 吸引力指数是东道国引资能力和结果的直观表现；FDI 潜力指数反映了东道国引资的潜在优势和后续力量，它在一定程度上决定了一国外商直接投资未来的吸收能力；FDI 贡献指数衡量了东道国从外商直接投资中所获得的收益，是引资效果和创造价值的综合体现，三个指数分别关注外商直接投资环境的不同方面，但又彼此关联、相互作用，因此将这三个指数综合在一起，能够对一国吸收外商直接投资的国际竞争力进行相对全面和客观的评价。构建指标体系时，我们结合实际选择的样本对现有的代理指标进行相应调整，同时强调了制度因素对东道国吸收 FDI 竞争力的影响。由于 UNCTAD 的评价方法是把各国按照不同指标的原始数据进行排名，根据不同指标所得名次的简单平均进而得出新加总指标的排名，以此来衡量各国的 FDI 国际竞争力。这种方法虽然能够实现国家间的横向比较，但就结果而言，其重点更关注排名的先后，却忽略了国家间存在的具体差异。鉴于此，结合数据的可获得性，本章将采取无量纲化的标准化方法，构建更为准确全面的 FDI 国际竞争力指标体系，分析一国吸收 FDI 的竞争力。

5.2 FDI 国际竞争力指标体系的构建与说明

1. 指标体系的构建

本章构建的 FDI 国际竞争力指标体系（FDI International Competitiveness Index System）将主要以 UNCTAD（2012）所提出的 FDI 吸引力

指数、FDI潜力指数、FDI贡献指数为基础，分别从吸引力、潜力和贡献力三个方面来进行评价。FDI吸引力指数是东道国引资能力和结果的直观表现；FDI潜力指数反映了东道国引资的潜在优势和后续力量，它在一定程度上决定了一国FDI未来的吸引能力；FDI贡献指数衡量了东道国从FDI中所获得的收益，是引资效果和创造价值的综合体现，FDI贡献指数往往与吸引力指数和潜力指数紧密相连，一方面，FDI的吸引力直接影响FDI的贡献程度，而基于不同因素决定下的FDI潜力也会导致FDI在不同方面上贡献程度的差异，另一方面，东道国会根据FDI的贡献程度，对本国的引资政策和引资结构进行相应调整，而这反过来又会对FDI的吸引力和FDI的潜力带来一定影响。由此可见，FDI吸引力指数、FDI潜力指数、FDI贡献指数分别关注FDI环境的不同方面，但又彼此关联、相互作用，将这三个指数综合在一起，能够对一国FDI的环境进行相对全面和客观的评价。

对于FDI吸引力指数和FDI贡献指数，由于其涉及的指标变量基本上能够反映一国外商直接投资的吸引力和贡献力，因此我们采用与UNCTAD（2012）同样的指标来对两者进行衡量。其中，FDI吸引力指数是一国FDI流入量排名与FDI流入量占GDP比重排名的简单平均，这一指数是东道国引资能力和结果的直观表现。FDI贡献指数旨在衡量FDI对东道国经济发展的影响，反映出东道国从外商直接投资中所获得的收益，是引资效果和创造价值的综合体现。本章选取增加值、就业、出口、税收、工资、研发支出、资本支出7个指标来表征经济发展的各个方面，FDI贡献指数即为外国子公司在这些方面占东道国比重的四分位排名的简单平均。对于FDI潜力指数，由于UNCTAD重点考察一国的市场吸引力、低成本劳动和技能、基础设施、自然资源对于引资的影响，并不全面，此外代理指标的选择也不够细致具体。鉴于此，为了更准确地衡量东道国引资的潜在优势和后续力量，我们对 UNCTAD 潜力指数的代理指标进行了相应的调整。首先根据投资动因将 FDI 划分为市场寻求型 FDI、效率寻求型 FDI、资源寻求型 FDI、创造资产寻求型 FDI 和政策寻求型 FDI 五种类型，然后依照每种类型 FDI 的影响因素，选择相应的指标来构造不同投资动因下的 FDI 潜力指数，而构建的吸收 FDI 国际竞争力指标体系见表 5－1。

市场寻求型 FDI 的影响因素主要有以下四个：市场规模、消费能力、市场增长潜力和市场开放程度。反映一国整体经济实力的市场规模越大，对外资的吸引力越大，这里用 GDP 来对市场规模加以衡量；一国居民在一定收入范围内的消费意愿与能力越大，外商直接投资企业为满足居民的消费需求而流入该国的可能性就越大，我们用人均 GDP 来对居民的消费能力加以衡量；一国市场需求的未来增长潜力越好，外资流入的积极性越高，我们用 GDP 的增长率来对市场增长潜力加以表征；一国与其他国家交往密切程度的市场开放程度越大，相关的政策环境越有利于国家间贸易投资的相互开展，这里市场开放程度用贸易依存度，即贸易占 GDP 的比重来加以衡量。

效率寻求型 FDI 的影响因素首先在于低成本劳动的获得。大规模的低技术劳动力、较低的单位劳动成本以及工资支付的相对随意性，往往会使一国具有较高的引资成本潜力，因此，我们用制造业的就业人员数量、考虑了劳动力生产率在内的制造业单位劳动成本以及工资支付与劳动生产率之间的关联程度来表征低技能劳动力的可得性。此外，除了低成本劳动的获得，能源、交通和电信等基础设施状况也是效率寻求型 FDI 流入的主要影响因素。我们用人均电力消费来表征能源基础设施状况；每百平方公里土地的公路里程、铁路里程、班轮航运连接指数表征交通基础设施状况；每百人中的电话线路条数、手机用户、固定宽带网络用户表征电信基础设施状况。

表5-1 吸收FDI国际竞争力指标体系

FDI吸引力指数	FDI流入量		
	FDI流入量占GDP的比重		
基于投资动因的FDI潜力指数	市场	GDP（购买力平价）	
		人均GDP（购买力平价）	
		GDP增长率	
		贸易依存度	
	效率	低成本劳动的可获得性	制造业就业数量
			制造业单位劳动成本
			工资与劳动生产率的相关程度
		能源、交通、电信基础设施	电力消费
			公路密度
			铁路密度
			班轮航运连接指数
			电话线路条数
			移动手机用户
			固定宽带网络用户
	资源	燃料出口	
		金属与矿石出口	
		能源消耗	
	创造资产	高等教育毛入学率	
		研发支出强度	
		科学家和工程师的可获得性	
		知识产权保护力度	
	政策	政治稳定性	
		政府效率	
		政策规则对外资的吸收与鼓励程度	
		对投资者的保护程度	
FDI贡献指数	外国子公司增加值占东道国增加值的比重		
	外国子公司就业占东道国就业的比重		
	外国子公司出口占东道国出口的比重		
	外国子公司税收占东道国税收的比重		

续表

FDI 贡献指数	外国子公司工资占东道国工资的比重
	外国子公司研发支出占东道国研发支出的比重
	外国子公司资本支出占东道国资本支出的比重

资源寻求型 FDI 的影响因素主要与一国燃料、金属、矿石以及能源的储备与开发情况有关。一国燃料、金属与矿石在全球市场中的出口份额越高，则资源寻求型的外资企业越倾向于流入该国。此外，一国单位产值的能源消耗强度越高也会越吸收高耗能的能源和资源密集型外资的流入。这里我们分别用燃料、金属与矿石出口占全球相应市场的出口比重，以及每千美元国内生产总值的能源消耗来表征资源寻求型 FDI 的潜力指数。

创造资产寻求型 FDI 流入的主要目的在于利用东道国的研发基础与创造元素，研制新产品、开发新技术，因此，技术创新所需要的人力资本、研发投入以及对于知识产权的保护便成为影响创造资产寻求型 FDI 流入的主要因素。我们用高等教育毛入学率来表征总体人力资本状况；用单位生产总值的研发支出强度来表征研发投入；用科学家和工程师的可获得性来表征研发型的人力资本状况；用知识产权保护力度来表征东道国对于创新的激励与保护。

政策寻求型 FDI 流入的主要目的在于充分利用东道国优惠的引资政策，并从完善的制度环境中取得投资收益，因此，宏观层面上东道国的政治越稳定、政府越富有效率，以及针对投资者的鼓励与保护政策越多，越有利于吸收政策寻求型 FDI 的流入。因而，我们用政治稳定性、政府效率、政策对于外资的吸收与鼓励程度、对投资者的保护程度来表征政策寻求型 FDI 的潜力指数。

2. 数据处理与样本选择

FDI 吸引力指数与 FDI 潜力指数的计算过程中，本章采取了无量纲化的标准化处理方法。原始指标的标准化得分计算公式为：

$$x'_i = \frac{x_i - x_{\min}}{x_{\max} - x_{\min}}$$

其中，x_i 为 i 国某一指标的取值，$x_{\max}$ 为所有国家中该指标的最大取值，$x_{\min}$ 为所有国家中该指标的最小取值，x'_i 则为 i 国这一指标的标准化得分。标准化后的指标取值介于 0 ~ 1 之间，为了便于观察和比较，我们将标准化之后的指标扩大 100 倍，由此得到的标准化得分介于 0 ~ 100 之间。由原始指标计算上一级指标的得分时，我们均赋予同级指标相同的权重。

FDI 贡献指数由于原始数据较难获得，故本章基于 UNCTAD（2012）的做法，仅对各国的 FDI 贡献指数进行排名。

FDI 国际竞争力综合考虑 FDI 的吸引力、潜力与贡献力，并在竞争力指数的构建中赋予三者同样的重要程度。由于 FDI 贡献指数仅能得到国家间的排名次序，因此我们将竞争力指数最终确定为 FDI 吸引力指数、FDI 潜力指数和 FDI 贡献指数排名的平均值。

本章的样本国家和地区共计 25 个。我们选取了包括中国在内的 2010 ~ 2014 年 FDI 年平均流入量最多的 18 个国家和地区，并在此基础上增加了新兴市场国家的代表韩国、南非以及中国主要的周边国家印度尼西亚、马来西亚、泰国、越南和菲律宾。韩国和南非在经济发展的诸多方面与中国存在相似性和可比性，而东盟五国近年来吸收 FDI 势头高涨，对中国的引资形成了冲击和压力，将这些国家纳入研究样本，有利于科学地评价和把握中国在全球外商直接投资环境中的地位和作用。

本章的原始数据主要来源于世界银行的世界发展指数（WDI）数据库、全球监管指数数据库以及世界经济论坛的执行意见调查数据库。为了能够考察外商直接投资环境的最新发展状况，绝大多数原始数据已更新至最新的2014年，个别无法获得2014年数据的指标，均采用所能获得的最新数据予以替代。

5.3 中国吸引FDI国际竞争力分析

5.3.1 FDI吸引力竞争分析

本章用FDI吸引力指数来衡量各国FDI吸引力方面的竞争力。可以使用FDI流入量和FDI流入量占GDP的比重这两个指标，分别从绝对量和相对量两个层面加以衡量（见表5－2）。

表5－2 2014年样本国家和地区FDI吸引力的衡量指标

国家/地区	FDI流入量（亿美元）	排名	占GDP比重（%）	排名
澳大利亚	518.54	8	4.81	5
比利时	－49.57	25	－1.02	25
巴西	624.95	6	1.91	9
加拿大	538.64	7	3.36	7
智利	229.49	10	5.85	4
中国	1285	1	0.71	17
法国	151.91	14	0.58	20
德国	18.31	24	0.05	24
中国香港	1032.54	2	25.88	1
印度	344.17	9	0.47	23
印度尼西亚	225.8	12	0.84	15
爱尔兰	76.98	20	3.38	6
韩国	98.99	17	0.59	19
卢森堡	70.87	21	12.94	3
马来西亚	107.99	16	1.41	12
菲律宾	62.01	22	0.90	14

续表

国家/地区	FDI流入量（亿美元）	排名	占GDP比重（%）	排名
俄罗斯	209.58	13	0.62	18
沙特阿拉伯	80.12	19	0.50	22
新加坡	675.23	5	14.92	2
南非	57.12	23	0.81	16
西班牙	229.04	11	1.47	11
泰国	125.66	15	1.18	13
英国	722.41	4	2.78	8
美国	923.97	3	0.53	21
越南	92.00	18	1.80	10

资料来源：FDI流入量数据来自《2015年世界投资报告》；GDP数据来自WDI数据库；FDI流入量占GDP比重由作者计算得到。

首先来看FDI流入量。2014年，中国的FDI流入量为1285亿美元，在25个样本国家和地区中FDI流入量排在第1位，超过传统引资大国美国。中国香港地区以1032.54亿美元的FDI流入量紧随其后。美国位居第3。除了中国以外，其他“金砖国家”巴西、俄罗斯、印度分别排在第6位、第13位和第9位，展现出对外商直接投资较强的吸引力，南非对外资的吸引力则相对较低。东盟国家中，新加坡表现亮眼，FDI流入量在样本国家和地区中排名第5，外商直接投资规模可以与英国、巴西、加拿大等GDP体量巨大的国家相媲美。印度尼西亚（第12位）、泰国（第15位）、马来西亚（第16位）和越南（第18位）对外资的吸引力在样本国家和地区中处于中等水平，而菲律宾则排名较为落后。

FDI流入量占GDP的比重着重考察各国和地区FDI相对于其经济规模的吸引力。从FDI流入量占GDP的比重来看，中国香港、新加坡和卢森堡等FDI流入量较高而经济体量较小的国家和地区排名遥遥领先于绝对量方面领先的引资大国，分列前三位，而中国和美国等FDI绝对流入量居前的国家排名并不高，分别排在第17位和第21位。鉴于FDI与国际贸易之间的密切联系，中国香港、新加坡和卢森堡等国家的外向型经济发展政策和零关税或极低关税的优势，对外资来说极具吸引力。印度、俄罗斯等 GDP 较高的国家，从 FDI 流入量占比来看就排名比较落后。

综合考虑各国 FDI 流入量及其占 GDP 的比重，得出 2014 年各国和地区 FDI 吸引力指数排名（见表 5 – 3）。中国的吸引力指数（53.21）与新加坡（56.77）较为接近，排在第 3 位。与 2013 年相比，中国香港和新加坡分别提高了两位，中国排名从 2013 年的第 5 位提高为 2014 年的第 3 位，在引资吸引力方面超过了美国。排在前 10 位的国家中，有中国、巴西和智利为发展中国家，这说明，尽管发达国家仍保持着较高的 FDI 吸引力，但是以新兴市场国家为代表的发展中国家吸收外商直接投资的竞争力正日渐提升。而东盟国家尽管与经济规模相比吸收了相对较多的外商直接投资，但由于 FDI 流入的绝对数量仍相对匮乏，整体的 FDI 吸引力指数不及“金砖国家”。

综合考察 FDI 绝对量及其相对于经济规模的相对量，开放型的小国和地区如中国香港、新加坡、卢森堡等，综合得分很高，分别列居第 1 位、第 2 位和第 8 位，其中中国香港以 90.54 分遥遥领先（见图 5 – 1）。样本国家和地区中大国仍然具有比较显著的 FDI 吸引力，如中国、美国、英国、澳大利亚和巴西等。其他三个“金砖国家”中，印度和俄罗斯分别以 17.51 分和 12.76 分排在第 11 位和第 15 位，而南非排在倒数第 3 位。德国排名居后，对外资的相对吸引力不断下降。

表 5 – 3　2014 年样本国家和地区 FDI 吸引力指数排名

排名	国家/地区	得分	排名	国家/地区	得分
1	中国香港	90.54	14	爱尔兰	12.91
2	新加坡	56.77	15	俄罗斯	12.76
3	中国	53.21	16	泰国	10.65
4	美国	39.35	17	越南	10.54
5	英国	35.98	18	法国	10.52

续表

排名	国家/地区	得分	排名	国家/地区	得分
6	澳大利亚	32.11	19	马来西亚	10.41
7	巴西	30.71	20	韩国	8.55
8	卢森堡	30.45	21	菲律宾	7.74
9	加拿大	30.18	22	沙特阿拉伯	7.67
10	智利	23.22	23	南非	7.39
11	印度	17.51	24	德国	4.52
12	西班牙	15.05	25	比利时	0.00
13	印度尼西亚	13.77			

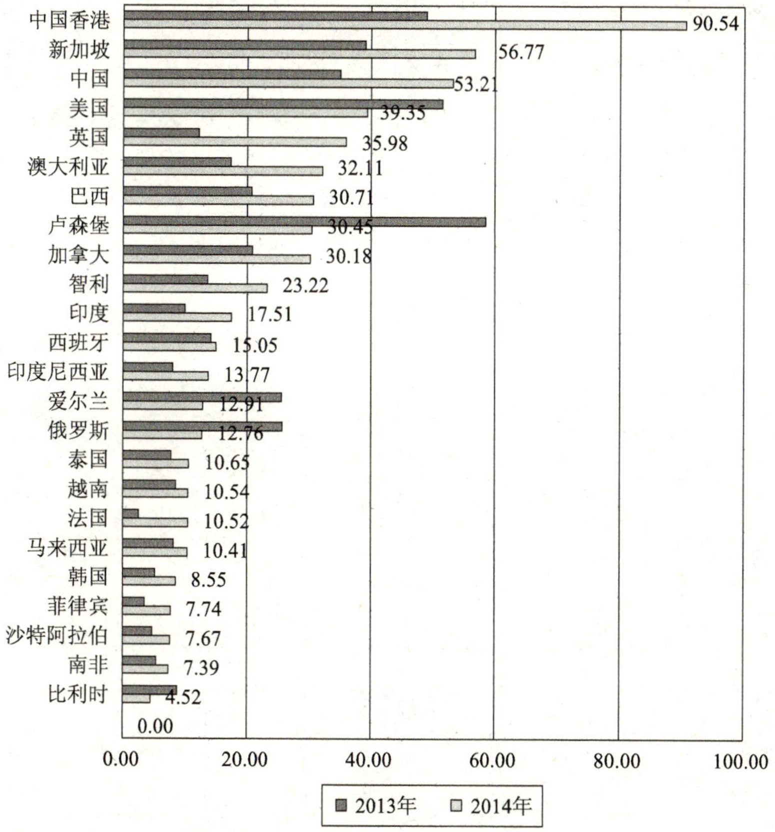

图 5-1　2014 年样本国家和地区的 FDI 吸引力指数

资料来源：作者计算所得。

5.3.2 FDI潜力竞争力分析

1. 市场寻求型FDI的潜力竞争力分析

影响市场寻求型FDI流入的主要因素可以概括为以下四个方面：市场规模、消费能力、市场增长潜力以及市场开放程度。市场规模反映一国的整体经济实力，消费能力反映一国居民在可支配收入范围内的消费意愿与能力，市场增长潜力反映一国市场需求的未来发展趋势，市场开放程度反映一国与其他国家相互交往的密切程度。我们用进行购买力平价换算后的GDP、人均GDP来分别衡量市场规模和消费能力，用GDP增长率、贸易依存度（贸易占GDP比重）分别衡量市场增长潜力与市场开放程度。2014年，样本国家和地区的这四个指标相关数据见表5-4。

表5-4 2014年样本国家和地区市场寻求型FDI的衡量指标

国家/地区	GDP（亿美元）	人均GDP（美元）	GDP增长率（%）	贸易依存度（%）
澳大利亚	10778.77	45925.49	2.50	42.30
比利时	4878.25	43434.72	1.35	167.04
巴西	32752.27	15893.15	0.10	25.11
加拿大	16018.00	45065.69	2.44	64.14
智利	3920.41	22071.10	1.89	66.07
中国	180170.73	13206.38	7.27	41.54
法国	26041.93	39327.87	0.18	59.22
德国	37570.92	46400.62	1.60	84.71
中国香港	3989.04	55084.26	2.50	439.20
印度	73840.99	5700.72	7.29	48.70
印度尼西亚	26761.09	10517.03	5.02	48.20
爱尔兰	2279.84	49393.23	5.20	209.08
韩国	16838.98	33394.80	3.31	95.95
卢森堡	547.75	98459.52	4.07	374.15
马来西亚	7666.45	25638.59	5.99	138.46

续表

国家/地区	GDP（亿美元）	人均GDP（美元）	GDP增长率（%）	贸易依存度（%）
新西兰	1699.21	37679.01	3.00	56.56
菲律宾	6908.94	6968.97	6.13	61.05
俄罗斯	33585.61	22989.58	0.64	52.89
沙特阿拉伯	16064.15	52010.17	3.64	80.91
新加坡	4526.91	82763.02	2.92	350.85
南非	7046.86	13049.28	1.55	64.36
泰国	10656.73	15735.07	0.87	131.78
英国	25974.21	40233.21	2.94	58.63
美国	174190.00	54629.50	2.39	29.93
越南	5107.15	5629.02	5.98	169.53

资料来源：WDI数据库，表中GDP数据与人均GDP数据均经过了购买力平价的调整。

从市场规模来看，美国、中国、印度、德国和俄罗斯的GDP总量位列样本国家和地区中的前5位。2014年，中国的GDP总量达到18.02万亿美元，超过美国（17.42万亿美元），成为世界第一大经济体。巴西排在第6位，“金砖国家”中只有南非的GDP规模较低，位列第17位。东盟国家中，整体来看经济体量相对较小，除印度尼西亚以2.68万亿美元的GDP总量排在第7位以外，其他东盟国家都排在第15位以后。包括中国香港、新加坡、卢森堡等国家和地区在内的外向型经济体，经济体量不大，从经济规模方面来看对外资的吸引力相对较低。

从居民消费能力来看，呈现出与经济总量显著不同的区位分布特征。卢森堡、新加坡、瑞士、中国香港和美国位列前5位，其中卢森堡2014年的人均GDP高达98459美元，是中国13206美元的7.5倍。尽管中国以GDP总量衡量的经济规模居世界首位，但以人均GDP衡量的居民消费能力却仅排在25个样本国家和地区中的第20位，不仅低于传统发达国家和地区，甚至低于很多发展中国家，如马来西亚、俄罗斯、智利、泰国等，大大拉低了中国市场寻求型FDI的吸引力。

GDP增长率衡量了某经济体的市场增长潜力，是FDI决定是否进入某东道国及进入规模和期限长短的重要考虑因素。发展中国家普遍增速较高，尤其是中国和大部分东盟国家。2014年，印度和中国的GDP增长率超过7%，分列前两位。菲律宾（6.13%）、马来西亚（5.99%）、越南（5.98%）、爱尔兰（5.2%）和印度尼西亚（5.02%）紧随其后，GDP年增长率均超过5%。发达国家的GDP总量基数较大，从而增长率普遍不高。发达国家中，新加坡、新西兰、英国的增长速度相对较高，超过了2%，而其他发达国家的经济增速相对较低，法国的经济增长率仅为0.18%。“金砖国家”中增速最缓的是巴西，2014年仅为0.1%。

从市场开放程度来看，中国香港、卢森堡和新加坡是开放型经济的典型代表，得益于便利的港口基础设施以及重要的交通枢纽地位，三个国家和地区2014年的贸易依存度分别高达439.2%、374.15%和350.85%，依然稳居前三位。爱尔兰的贸易依存度为209.08%，位居第四位。东盟国家中的越南、泰国、马来西亚的贸易依存度均超过100%，显示出国际贸易对东盟地区经济快速增长的重要作用。中国和美国的贸易依存度都比较低，分别为41.54%和29.93%，在25个样本国家和地区中排在倒数第3位和倒数第2位。

将表5-4中的4个指标进行标准化处理，并取其算术平均数，得到25个样本国家和地区市场寻求型FDI的潜力指数（见图5-2）。

与2013年一样，2014年卢森堡、中国和新加坡仍然位居市场寻求型FDI潜力指数前三甲，尽管排名略有变动。卢森堡和中国较2013年各上升1位，排名第一和第二；新加坡下降两位，排名第三。这表明，这三个国家对于市场寻求型 FDI 来说，仍然是极具吸引力的投资目的地。中国香港和美国的排名与 2013 年相同。印度、马来西亚、沙特阿拉伯和越南，凭借相对较高的经济增长率，市场潜力指数的排名比较靠前。其他东盟国家的表现并不突出。“金砖国家”中巴西和南非的市场潜力指数表现不佳，位于最后两位。

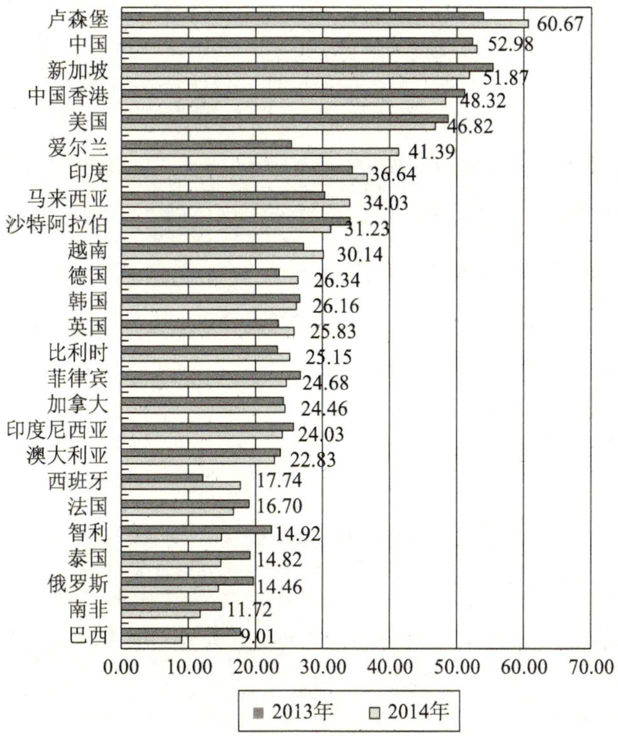

图 5-2　2014 年样本国家和地区市场寻求型 FDI 的潜力指数

资料来源：作者计算所得。

凭借在市场规模和市场增长潜力方面的显著优势，中国吸收市场寻求型 FDI 流入的潜力指数得分为48.34，在25 个国家和地区中成为了最具有 FDI 市场潜力的国家。美国尽管在经济总量、居民消费能力上略占上风，但是市场增长的后劲不足，FDI 市场潜力的标准化得分为 48.33 略低于中国，排名第 2。东盟国家的 FDI 市场潜力相对较高，得益于这些国家较高的经济增长速度以及较深的市场开放程度。除中国之外，其他“金砖国家”的 FDI 市场潜力并不突出。

2. 效率寻求型 FDI 的潜力竞争力分析

效率寻求型 FDI 的潜力从低成本劳动的可获得性及能源、交通和电信等基础设施状况两个维度进行分析。

首先，考察影响效率寻求型 FDI 流入的低成本劳动的获得这一因素。我们分别用制造业就业数量、制造业单位劳动成本①以及工资与劳动生产率相关程度来分别测度低技术劳动力规模、低技术劳动力的获得成本以及工资支付的相对随意性。

从就业数量来看，大国和很多发展中国家的制造业劳动力资源比较丰富。中国、印度、美国、巴西和俄罗斯的制造业劳动力最为充沛，在低技能劳动力的供给上优势明显。其中，中国制造业的就业人数为 8391 万，分别是紧随其后印度和美国制造业劳动力数量的 6 倍和 8 倍，比巴西和俄罗斯劳动力数量的 10 倍还要多。东盟国家中越南、印度尼西亚和泰国的劳动力资源也较为丰富，制造业就业人数介于 400 万 ~ 490 万之间，在 25 个国家和地区中分别位列第 7、第 8 和第 9 位。卢森堡、中国香港、爱尔兰、新加坡、智利和比利时市场规模较小，劳动力资源有限，制造业就业人数均不足 50 万人。

从单位劳动成本来看，东盟国家以及巴西等发展中国家制造业单位劳动成本比较低。智利、沙特阿拉伯、印度尼西亚和菲律宾的制造业单

① 制造业的单位劳动成本综合考虑了劳动力价格和劳动力生产率两个方面，本部分采用以下公式进行计算：$ULC = W/(VA/L)$，其中，ULC 代表制造业的单位劳动成本，其是制造业行业平均工资 W 与行业劳动生产率 VA/L 的比值，VA 和 L 分别指的是制造业行业的产出增加值和制造业行业的就业人员数量。

位劳动成本均低于0.18，是25个国家和地区中制造业单位劳动成本最低的国家。东盟国家如印度尼西亚、菲律宾、泰国、马来西亚以及其他发展中国家如印度和巴西，具有显著的低成本优势。中国的成本优势已经不再明显，0.26的单位劳动成本位列25个样本国家和地区的第11位，仅低于俄罗斯（劳动成本0.28）、越南（劳动成本0.32）和南非（劳动成本0.42）。卢森堡、德国和澳大利亚的制造业单位劳动成本最为昂贵，均高于0.55。

工资与劳动生产率的相关程度可以用来衡量劳动力工资支付的随意性。该相关系数越高，工资支付与劳动生产率的关联程度越紧密。从工资与劳动生产率之间的相关程度来看，中国香港（相关程度5.5）、新加坡（相关程度5.43）、马来西亚（相关程度5.4）、爱尔兰（相关程度5.1）和美国（相关程度5.06）的工资支付与劳动生产率相关程度最高，这一定程度可能说明了这些国家的劳动法规与政策对于工人工资权益的保障。中国的工资与劳动生产率的相关程度为4.62，在25个样本国家和地区中排在第9位。而巴西、西班牙和南非的工资支付随意性最高，表明这些国家的工资支付并不与劳动生产率直接相关。

将这三个指标标准化，并对后两个指标使用（100－标准化指标）进行处理，然后进行算术平均，得到可以衡量一国或地区低成本劳动的可获得性的综合指标，排名见表5－5最后一列。从表中可见，发展中国家在低成本劳动的可获得性方面具有显著优势，2014年该指标排名前8位的国家分别是中国、巴西、智利、印度、印度尼西亚、沙特阿拉伯、南非、泰国，均为发展中国家。发达国家和地区的排名均比较往后，英国、新加坡、德国、卢森堡、中国香港等排在最后5位，表明这些国家和地区的劳动力成本相对较高，影响了其效率寻求型FDI流入的潜力。

表5-5　2014年样本国家和地区低成本劳动的可获得性的衡量指标

国家/地区	就业数量（千人）	单位劳动成本	工资与劳动生产率相关程度	排名
澳大利亚	936	0.55	4.05	18
比利时	491	0.45	4.23	16
巴西	7969	0.26	3.45	2
加拿大	1522	0.38	4.76	17
智利	437	0.10	4.20	3
中国	83915	0.27	4.62	1
法国	2933	0.54	4.16	19
德国	6995	0.60	4.78	23
中国香港	102	0.54	5.50	25
印度	12810	0.22	4.25	4
印度尼西亚	4629	0.14	4.46	5
爱尔兰	165	0.20	5.10	14
韩国	2389	0.20	4.58	9
卢森堡	37	0.63	4.55	24
马来西亚	1962	0.25	5.40	20
菲律宾	871	0.18	4.63	10
俄罗斯	7623	0.28	4.56	13
沙特阿拉伯	754	0.11	4.51	6
新加坡	425	0.33	5.43	22
南非	1158	0.42	3.19	7
西班牙	1824	0.50	3.40	12
泰国	4006	0.24	4.21	8
英国	2446	0.44	4.61	21
美国	10596	0.30	5.06	15
越南	4913	0.32	4.26	11

资料来源：就业数量的数据，以及计算单位劳动成本的原始数据来自UNIDO数据库；由于无法获得2014年用于计算制造业单位劳动成本的数据，本表采用2012年以及所能获得的最新数据进行了代替；工资与劳动生产率相关程度的数据来自世界经济论坛（World Economic Forum）的全球竞争力指数（Global Competitive Index）数据库。排名显示的是这三个指标标准化后的算术平均数排名。

其次，考察影响效率寻求型FDI流入的能源、交通和电信等基础设施状况。

能源基础设施方面，我们考察了人均电力消费水平。2014年，加拿大、卢森堡、美国、韩国和澳大利亚是人均电力消费水平最高的前5个国家，均高于10000千瓦时/人，东盟国家及其他发展中国家的电力消费水平普遍比较低，如菲律宾、印度、印度尼西亚、越南和泰国排在最后5位。2014年，中国的人均电力消费水平为3762.08千瓦时/人，在25个样本国家和地区中排在第19位。

交通基础设施方面，我们考察了铁路和航运两个方面。2014年，比利时、卢森堡、德国、英国和法国在铁路密度方面显著优越于其他国家，而中国、中国香港、新加坡、韩国和马来西亚的优势则在航运领域体现得更为明显。

电信基础设施方面，我们考察了固定电话、移动电话和宽带三个方面。2014年，中国香港、法国、韩国、德国和英国的固定电话用户数排在前5位，中国香港、沙特阿拉伯、俄罗斯、卢森堡、韩国等在移动电话用户数方面处于领先地位，而宽带方面，法国、韩国、英国、比利时和德国具有显著的优势。2014年，中国每100人的固定电话、手机和宽带个数分别为17.9，92.27和14.38个，在25个样本国家和地区中分别排在第17位、第23位和第17位，因此中国在电信基础设施方面是处于中下游的水平，这会降低我国效率寻求型FDI流入的潜力。

将这六个指标标准化处理，并进行算术平均，得到衡量一国或地区基础设施状况的综合指标，排名见表5-6的最后一列。就整体的基础设施状况而言，卢森堡、中国香港、德国、韩国和比利时的基础设施状况最好，位列25个国家和地区的前5位。而泰国、菲律宾、越南、印度尼西亚、印度等东南亚国家，基础设施状况最不理想，排在最后5位。这会降低这些国家效率寻求型FDI流入的潜力。中国的基础设施条件位列25个国家和地区中的第15位，尽管与发达国家存在一定的差距，在发展中国家中仍然是基础设施相对较好的国家之一。

表 5-6　2014 年样本国家和地区能源、交通、电信基础设施的衡量指标

国家/地区	电力	铁路	航运	固定电话	手机	宽带	排名
澳大利亚	10133.86	0.02	31.29	38.89	131.23	27.66	12
比利时	7966.69	11.82	80.74	40.67	114.27	35.99	5
巴西	2529.30	0.36	42.28	21.84	138.95	11.68	19
加拿大	15519.34	0.57	42.48	46.18	81.04	35.38	10
智利	3878.91	0.74	32.52	19.17	133.26	14.08	18
中国	3762.08	0.71	165.05	17.90	92.27	14.38	15
法国	7379.19	5.48	75.24	60.03	101.21	40.17	6
德国	7019.01	9.59	93.98	56.89	120.42	35.78	3
中国香港	5933.63	-	115.98	60.86	233.62	31.42	2
印度	765.00	2.21	45.61	2.13	74.48	1.24	25
印度尼西亚	787.68	0.26	28.06	10.37	128.78	1.19	24
爱尔兰	5701.90	2.79	10.08	43.24	105.07	26.91	14
韩国	10427.89	3.74	108.06	59.54	115.71	38.78	4
卢森堡	14193.17	10.62	-	50.51	149.49	34.80	1
马来西亚	4511.97	0.68	104.02	14.61	148.83	10.14	17
菲律宾	692.06	-	20.27	3.09	111.22	23.22	22
俄罗斯	6539.21	0.52	37.65	26.82	155.14	17.51	16
沙特阿拉伯	8741.42	0.07	61.25	12.33	179.56	23.38	13
新加坡	8839.71	-	113.16	36.19	146.89	26.72	7
南非	4328.35	1.69	37.91	6.86	149.19	3.21	20
西班牙	5401.05	3.37	70.80	40.56	107.85	27.27	11
泰国	2470.77	1.04	44.88	8.46	144.44	8.47	21
英国	5407.29	6.11	87.95	52.35	123.58	37.38	8
美国	12985.38	2.49	95.09	39.83	110.20	31.06	9
越南	1305.58	0.76	46.08	6.01	147.11	6.48	23

资料来源：WDI 数据库。电力指标为年电力消费，单位是千瓦时/人；铁路指标为铁路密度，单位是公里/100 平方公里土地；航运指标为班轮航运连接指数，2004 年的最大值取 100；电话、手机和宽带指标分别为每百人中的固定电话、移动手机和固定宽带用户个数。排名显示的是这六个指标标准化后的算术平均数排名。

将低成本劳动力的可获得性指标和基础设施指标进行算术平均后，得到效率寻求型FDI综合潜力指数（见图5-3）。从图中可以看到，韩国、中国和卢森堡的效率寻求型FDI的增长潜力最大。韩国主要凭借良好的基础设施条件尤其是能源和电信基础设施条件的比较优势，排在25个样本国家和地区的第1位。中国尽管在能源、交通和电信等基础设施条件方面仅处于中下游，但其低成本劳动力的可获得性方面的显著优势，使得中国的效率寻求型FDI潜力连续3年排在25个样本国家和

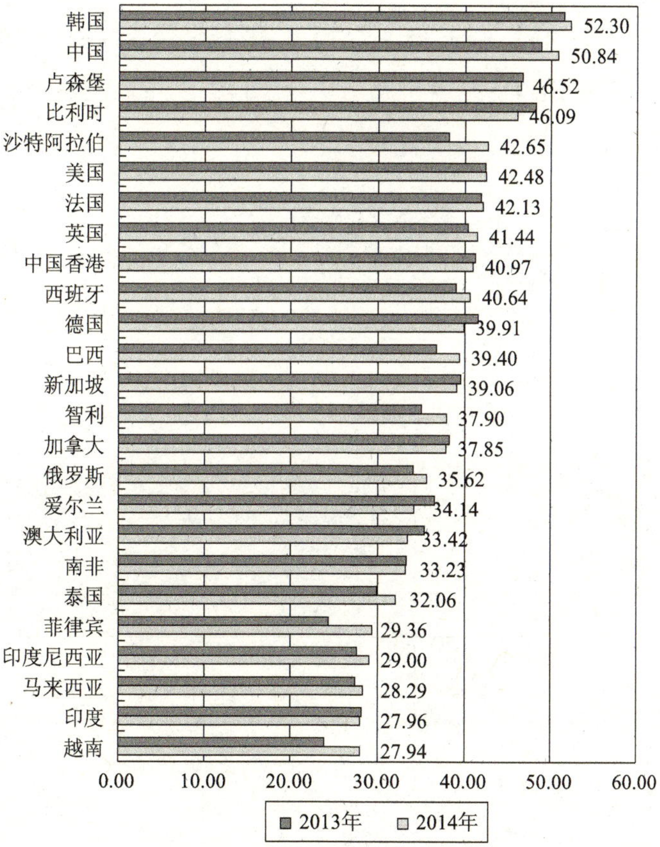

图5-3 2014年样本国家和地区的效率寻求型FDI综合潜力指数

资料来源：作者计算所得。

地区中的第2位。东盟和其他东南亚国家的整体表现不太理想，泰国、菲律宾、印度尼西亚、马来西亚、印度和越南等国家尽管在低成本劳动力的获得方面具有优势，但是由于其相对较为薄弱的基础设施条件，效率寻求型FDI的潜力排在25个样本国家和地区中的最后6位。

3. 资源寻求型FDI的潜力竞争力分析

对于资源寻求型FDI来说，自然资源和能源的储备禀赋与开发是影响资源寻求型FDI潜力的重要方面。我们使用三个指标来衡量一国或地区在资源寻求型FDI流入方面的潜力：燃料出口占全球燃料出口的比重、金属与矿石出口占全球金属与矿石出口的比重以及每千美元国内生产总值的能源消耗（见表5－7）。

表5－7　2014年样本国家和地区资源寻求型FDI的衡量指标

国家	燃料出口 全球占比（%）	金属与矿石出口 全球占比（%）	能源消耗 （千克油当量/每千美元GDP）
澳大利亚	2.72	11.60	126.76
比利时	2.15	1.67	117.89
巴西	0.84	4.24	94.09
加拿大	5.36	4.36	169.43
智利	0.03	5.58	99.48
中国	1.37	3.96	188.59
法国	0.91	1.69	98.27
德国	1.40	5.37	86.08
中国香港	0.65	7.62	37.52
印度	2.54	1.27	118.10
印度尼西亚	2.07	1.10	87.88
爱尔兰	0.04	0.13	57.18
韩国	2.07	1.53	156.47
卢森堡	0.01	0.12	74.56
马来西亚	2.07	0.88	128.95

续表

国家	燃料出口全球占比（%）	金属与矿石出口全球占比（%）	能源消耗（千克油当量/每千美元GDP）
菲律宾	0.07	0.54	71.82
俄罗斯	13.98	3.09	216.16
沙特阿拉伯	12.43	0.19	129.96
新加坡	2.75	0.64	62.19
南非	0.40	3.08	213.39
西班牙	0.87	1.41	77.16
泰国	0.44	0.40	133.01
英国	2.39	2.58	72.19
美国	7.27	6.75	132.75
越南	0.37	0.13	130.36

资料来源：WDI数据库。部分国家2014年的能源消耗数据无法获得，使用2013年的数据进行了替代。

在燃料出口方面，俄罗斯和沙特阿拉伯的全球燃料出口远远领先于其他国家和地区，2014年这两个国家燃料出口占全球燃料总出口的比重分别为13.98%和12.43%，美国和加拿大的燃料出口全球占比也相对较高，高于5%。燃料出口较少的国家主要集中在卢森堡、智利、爱尔兰和菲律宾，这些国家的燃料出口总额占全球的比重不足0.1%，显示出这些国家燃料资源的相对匮乏。在金属与矿石出口方面，2014年澳大利亚的出口额占全球金属与矿石总出口的11.6%，丰富的金属矿产资源提升了澳大利亚对于资源寻求型FDI流入的潜在吸引力，而沙特阿拉伯、越南、爱尔兰、卢森堡的这一占比均低于0.2%，相对较少的金属矿石出口份额则反映了这些国家并不具有金属矿产资源的开发优势。在能源消耗方面，俄罗斯、南非的能源消耗强度相对较高，2014年每千美元国内生产总值的能源消耗均在200千克油当量之上，中国紧随其后，2014年每千美元国内生产总值的能源消耗为188.59千克油当量。而中国香港、爱尔兰和新加坡的能源消耗强度最低，每创造1000

美元国内生产总值仅消耗不足 70 千克油当量。从这三个指标的排名来看，中国在燃料出口和金属与矿石出口方面分别排在第 14 位和第 8 位，在能源消耗方面排在第 3 位。这说明中国长期以来的高能源消耗与金属矿产的大量开采利用，在推动出口与经济增长的同时，也一定程度上形成了吸引资源寻求型 FDI 流入的潜力。

将上述三个指标进行标准化后，计算其算术平均数，排名情况如图 5 -4 所示。整体看来，2014 年样本国家和地区在资源寻求型 FDI 潜力

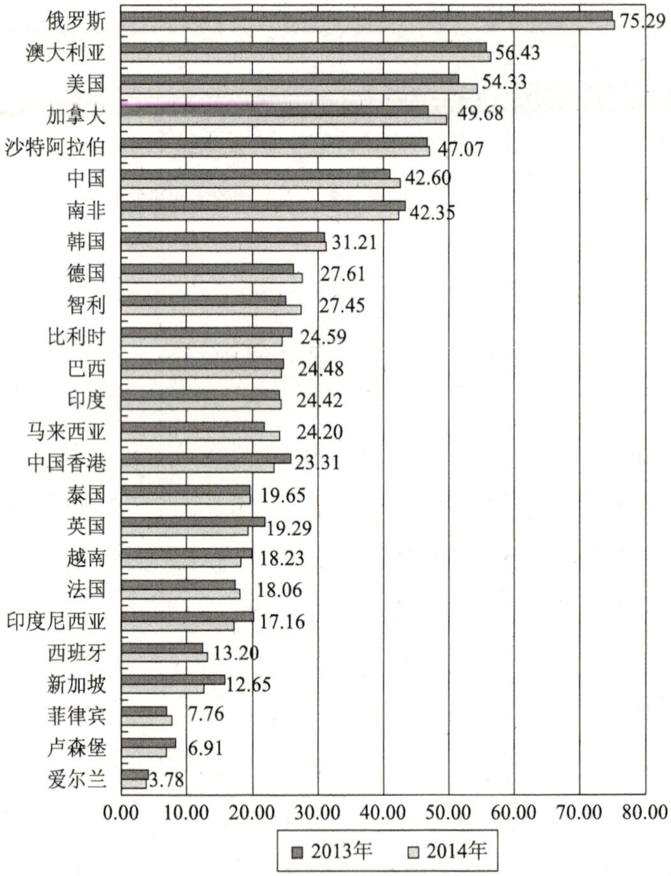

图 5 -4　2014 年样本国家和地区的资源寻求型 FDI 潜力指数

资料来源：作者计算所得。

指数的排名与2013年基本类似。由于俄罗斯、澳大利亚和美国的燃料出口、金属与矿石出口以及能源消耗均在25个国家和地区的排名中处于前列，这使得它们成为世界上最具资源寻求型FDI潜力竞争力的三个国家，其中俄罗斯的资源优势最为显著，资源潜力指数高达75.29，远高于其他国家。加拿大和沙特阿拉伯也是具有较为丰富燃料和能源的国家，排名比较靠前。中国较高的能源消耗强度拉高了中国在资源寻求型FDI方面的潜力指数，在25个国家和地区中位列第6位，比2013年提高了一位。除俄罗斯、沙特阿拉伯、中国、南非之外，其他发展中国家的资源潜力指数均相对较低。爱尔兰、卢森堡和菲律宾的资源潜力指数最低，是25个国家和地区中资源寻求型FDI潜力竞争力最为薄弱的国家。

4. 创造资产寻求型FDI的潜力竞争力分析

创造资产寻求型FDI以新技术的创新和新产品的研发为主要目的，我们使用四个指标来衡量一国或地区在创造资产寻求型FDI流入方面的潜力：人力资本水平、研发支出强度、高技能人才的可得性以及知识产权的保护力度。

从人力资本水平来看，2014年，韩国、美国、西班牙、澳大利亚和智利的高等教育毛入学率排在前5位，其高等教育毛入学率都超过了80%，其中韩国这一比率更是高达95.35%。与此形成鲜明对比的是，大多数发展中国家的高等教育状况仍不容乐观，巴西、印度、卢森堡和南非，毛入学率均低于30%。在我国不断增加教育投入多年后，高等教育毛入学率仍然比较低，2014年为30.16%，排在25个样本国家和地区中的倒数第5位。

从研发支出强度来看，韩国的研发支出占GDP的比重遥遥领先，2014年为4.15%，呈现出极强的创新动力。德国、美国和澳大利亚的研发支出占 GDP 比重相对较高，分别为 2.85%、2.79% 和 2.38%，而与之相对，绝大多数发展中国家的研发投入依然比较落后，越南、菲律宾、印度尼西亚、沙特阿拉伯的研发支出排在最后四位，研发支出所占 GDP 的比重均不足 0.2%。

在高技能人才的可得性方面，美国、马来西亚、爱尔兰、加拿大和新加坡的科学家和工程师的可获得性较高，得分均高于 5 分，反映了这些国家相对充沛的高技能人才储备，而巴西、南非、越南的科学家和工程师数量则相对较少，得分低于 4 分。

在知识产权的保护力度方面，卢森堡、新加坡、英国和中国香港对知识产权的重视程度最高，而越南、泰国、俄罗斯对于创新者知识产权的保护则略显不足，知识产权保护力度得分排在最后三位。

中国对于创造资产寻求型 FDI 的潜力，最突出的方面体现在研发支出强度上，中国研发支出占 GDP 的比重较上一年继续上涨，2.01% 的研发支出强度位列 25 个国家和地区的第 8 位。科学家和工程师的可获得性以及知识产权保护力度方面，中国处于中等水平，排在第 14 位。而高等教育毛入学率和知识产权保护力度则成为了中国在创造资产寻求型 FDI 潜力方面的短板，在 25 个国家和地区中均排在第 20 位。这意味着人力资本水平的落后以及知识产权保护的欠缺，一定程度上阻碍了创造资产寻求型 FDI 向中国的流入。

表 5-8　2014 年样本国家和地区创造资产寻求型 FDI 的衡量指标

国家/地区	高教毛入学率（%）	研发支出强度（%）	科学家和工程师可获得性	知识产权保护力度
澳大利亚	86.55	2.38	4.94	5.79
比利时	72.31	2.28	4.61	5.69
巴西	25.63	1.16	3.25	3.68

续表

国家/地区	高教毛入学率（%）	研发支出强度（%）	科学家和工程师可获得性	知识产权保护力度
加拿大	59.29	1.62	5.18	5.84
智利	83.82	0.42	4.60	4.24
中国	30.16	2.01	4.47	3.97
法国	62.15	2.23	4.91	5.77
德国	61.06	2.85	4.98	5.65
中国香港	68.78	0.75	4.35	5.98
印度	23.89	0.76	4.22	4.21
印度尼西亚	31.29	0.08	4.56	4.26
爱尔兰	73.17	1.72	5.19	5.90
韩国	95.35	4.15	4.40	4.16
卢森堡	19.74	1.16	4.17	6.25
马来西亚	38.53	1.07	5.39	5.42
菲律宾	35.75	0.11	4.01	3.89
俄罗斯	78.00	1.13	4.06	3.02
沙特阿拉伯	61.11	0.08	4.46	4.98
新加坡	-	2.10	5.06	6.20
南非	19.66	0.87	3.40	5.41
西班牙	87.07	1.24	4.97	4.01
泰国	51.38	0.25	4.26	3.20
英国	56.87	1.63	4.93	6.02
美国	88.81	2.79	5.42	5.77
越南	30.48	0.19	3.92	3.62

资料来源：高等教育毛入学率的数据和研发支出强度的数据来自WDI数据库；科学家和工程师可获得性与知识产权保护力度的数据来自世界经济论坛的全球竞争力指数数据库。高教毛入学率与研发支出强度无法获得2014年数据，使用能够获取到的最新数据进行了替代。

将上述四个指标进行标准化后求得其算术平均数，样本国家和地区创造资产寻求型FDI的潜力指数排名如图5-5所示。从图中可见，发达国家的排名普遍高于发展中国家。发达国家中，美国依然是吸引创造资产寻求型 FDI 潜力最大的国家，这主要得益于美国在高等教育、研发支出以及高技能人才储备上所积累的巨大优势，澳大利亚、新加坡、爱

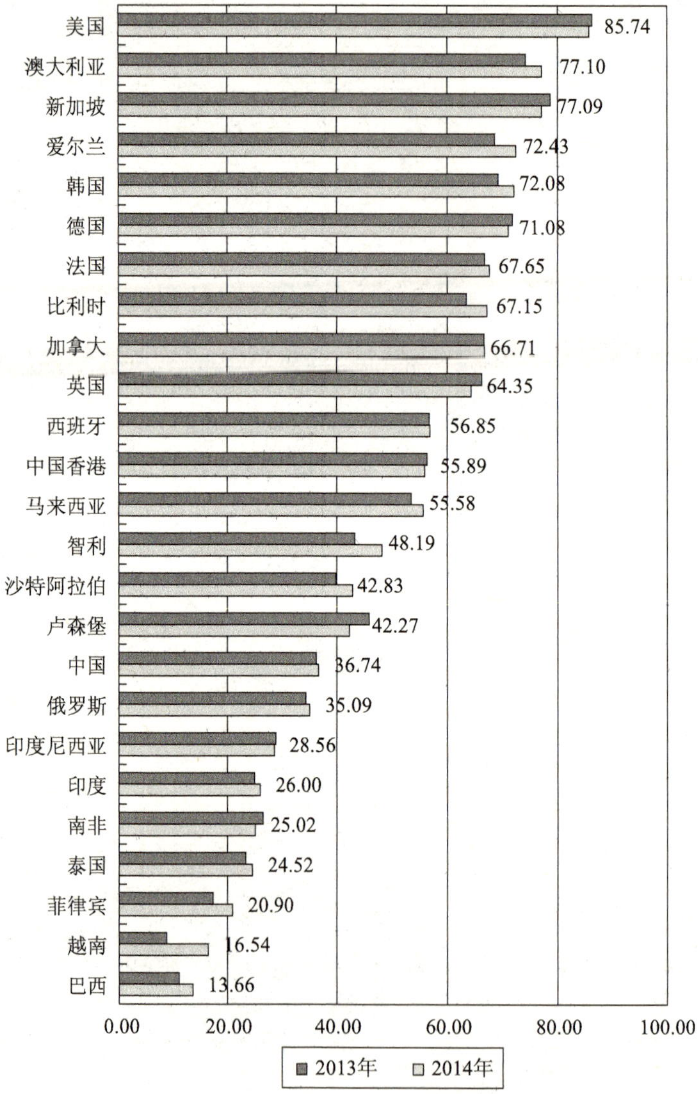

图 5－5 2014 年样本国家和地区的创造资产寻求型 FDI 潜力指数

资料来源：作者计算所得。

尔兰和韩国的潜力指数也相对较高，排名位居美国之后。发展中国家中，马来西亚的创造资产潜力最为显著，在25个国家和地区中排名第13位，中国的潜力指数排名与上一年持平，仍然位列倒数第9。巴西、越南和菲律宾的潜力得分最低，这源于其落后的人力资本条件以及脆弱的产权保护力度。

5. 政策寻求型FDI的潜力竞争力分析

整体的制度环境以及针对外商直接投资的相关政策是影响政策寻求型FDI流入的主要因素，我们分别用政治稳定性、政府效率、引资政策和投资者保护四个指标来衡量样本国家和地区政策寻求型FDI的潜力（见表5－9）。

在政治稳定性方面，卢森堡、新加坡、加拿大、中国香港、澳大利亚和爱尔兰是政治最为稳定的前6个国家和地区，政治稳定性得分均在1.0以上，而印度、泰国、俄罗斯和菲律宾等国的政治稳定性得分较低，政治的相对不稳定一定程度上会阻碍政策寻求型FDI的流入。在政府效率方面，新加坡、中国香港、加拿大、德国和卢森堡的政府效率相对较高，效率得分排在25个国家和地区中的前5位，而印度尼西亚、越南、俄罗斯、巴西和印度的政府效率较低，得分均为负值。在引资政策方面，爱尔兰、中国香港和新加坡对于FDI流入的政策鼓励力度最大，引资政策得分均在6分以上，显著高于其他国家。相比之下，俄罗斯、巴西、沙特阿拉伯对外资流入的政策支持力度则相对较小，引资政策得分低于4分，排在25个国家和地区的最后3位。在投资者保护方面，中国香港、新加坡和英国对投资者的保护程度最高，而马来西亚是样本国家和地区中的发展中国家中对投资者保护力度最高的国家，排在第4位。而卢森堡、越南、中国和菲律宾对投资者保护力度相对较差，投资者保护得分均在5分以下。

表 5-9　2014 年样本国家和地区政策寻求型 FDI 的衡量指标

国家/地区	政治稳定性	政府效率	引资政策	投资者保护
澳大利亚	1.08	1.59	4.78	5.70
比利时	0.71	1.40	4.92	6.20
巴西	-0.01	-0.15	3.88	6.30
加拿大	1.18	1.76	4.71	7.30
智利	0.49	1.14	5.18	5.80
中国	-0.46	0.34	4.60	4.50
法国	0.36	1.40	4.47	6.80
德国	0.93	1.73	4.88	5.90
中国香港	1.13	1.84	6.39	8.10
印度	-0.96	-0.20	4.25	7.30
印度尼西亚	-0.37	-0.01	4.30	6.10
爱尔兰	1.07	1.60	6.57	7.30
韩国	0.19	1.18	4.14	6.70
卢森堡	1.39	1.66	5.88	4.70
马来西亚	0.34	1.14	5.27	7.40
菲律宾	-0.70	0.19	4.49	4.20
俄罗斯	-0.84	-0.08	3.66	5.10
沙特阿拉伯	-0.24	0.23	3.89	5.80
新加坡	1.23	2.19	6.25	8.00
南非	-0.08	0.33	4.14	6.80
西班牙	0.32	1.15	4.61	6.40
泰国	-0.91	0.34	4.91	6.60
英国	0.44	1.62	5.87	7.80
美国	0.62	1.46	4.71	6.60
越南	0.00	-0.06	4.58	4.70

资料来源：政治稳定性与政府效率的数据来自全球监管指数（Worldwide Governance Indicators）数据库；引资政策和投资者保护的数据来自世界经济论坛的全球竞争力指数数据库。

虽然中国的政治环境较为稳定，但对于政策寻求型外资企业而言，中国在政治稳定性、政府效率和投资者保护方面的表现优势不足，在25个国家和地区排名中均处于中等偏下位置，与新加坡、中国香港等发达国家和地区存在较大差距，中国凭借优惠的引资政策与相关鼓励措施，在引资政策方面排在第15位，处于中等水平。这反映出未来若要进一步提升中国对于政策寻求型外资企业的投资潜力，仍需努力提高政府效率以及加强对投资者权益的保护。

将上述四个指标进行标准化并求得其算术平均数，样本国家和地区2014年政策寻求型FDI潜力指数的排名如图5-6所示。从图中可以看

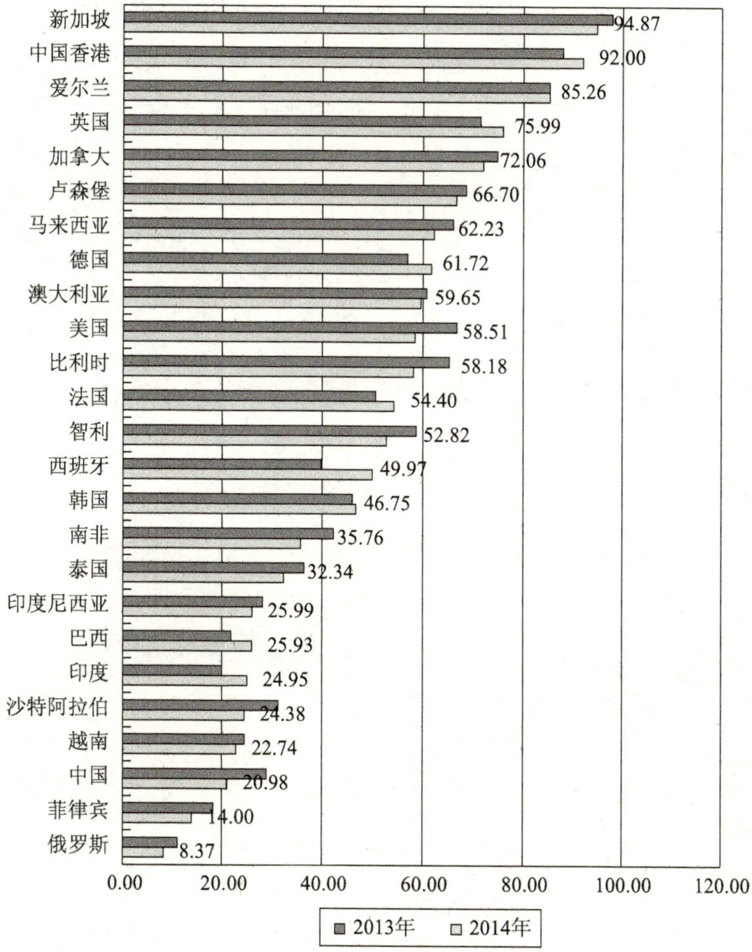

图5-6 2014年样本国家和地区的政策寻求型FDI潜力指数

资料来源：作者计算所得。

到，得益于稳定的政治环境、良好的政府效率以及较大的投资者保护力度，与2013年相同，新加坡、中国香港和爱尔兰仍然继续成为最具引资政策潜力的前三个国家。但是，发展中国家在这方面的潜力明显较弱，沙特阿拉伯、越南、中国、菲律宾和俄罗斯排在最后5位，是政策寻求型FDI潜力最小的国家。

表5-10　2014年样本国家和地区不同类型FDI潜力指数排名

国家/地区	市场	效率	资源	创造资产	政策
	得分（排名）	得分（排名）	得分（排名）	得分（排名）	得分（排名）
美国	46.82（5）	42.48（6）	54.33（3）	85.74（1）	75.99（4）
新加坡	51.87（3）	39.06（13）	12.65（22）	77.09（3）	94.87（1）
法国	48.32（4）	40.97（9）	23.31（15）	55.89（12）	92.00（2）
澳大利亚	22.83（18）	33.42（18）	56.43（2）	77.10（2）	59.65（9）
加拿大	24.46（16）	37.85（15）	49.68（4）	66.71（9）	72.06（5）
爱尔兰	41.39（6）	34.14（17）	3.78（25）	72.43（4）	85.26（3）
英国	25.83（13）	41.44（8）	19.29（17）	64.35（10）	58.51（10）
韩国	26.16（12）	52.30（1）	31.21（8）	72.08（5）	46.75（15）
中国香港	26.34（11）	39.91（11）	27.61（9）	71.08（6）	61.72（8）
卢森堡	60.67（1）	46.52（3）	6.91（24）	42.27（16）	66.70（6）
比利时	25.15（14）	46.09（4）	24.59（11）	67.15（8）	58.18（11）
中国	52.98（2）	50.84（2）	42.60（6）	36.74（17）	20.98（23）
马来西亚	34.03（8）	28.29（23）	24.20（14）	55.58（13）	62.23（7）
德国	16.70（11）	42.13（7）	18.06（19）	67.65（7）	54.40（12）
沙特阿拉伯	31.23（9）	42.65（5）	47.07（5）	42.83（15）	24.38（21）
智利	14.92（21）	37.90（14）	27.45（10）	48.19（14）	52.82（13）
西班牙	17.74（19）	40.64（10）	13.20（21）	56.85（11）	49.97（14）
俄罗斯	14.46（23）	35.62（16）	75.29（1）	35.09（18）	8.37（25）
南非	11.72（24）	33.23（19）	42.35（7）	25.02（21）	35.76（16）
印度	36.64（7）	27.96（24）	24.42（13）	26.00（20）	24.95（20）
印度尼西亚	24.03（17）	29.00（22）	17.16（20）	28.56（10）	25.99（18）

续表

国家/地区	市场	效率	资源	创造资产	政策
	得分（排名）	得分（排名）	得分（排名）	得分（排名）	得分（排名）
泰国	14.82（22）	32.06（20）	19.65（16）	24.52（22）	32.34（17）
越南	30.14（10）	27.94（25）	18.23（18）	16.54（24）	22.74（22）
巴西	9.01（25）	39.40（12）	24.48（12）	13.66（25）	25.93（19）
菲律宾	24.68（15）	29.36（21）	7.76（23）	20.90（23）	14.00（24）

资料来源：作者计算所得。

6. FDI潜力竞争力的综合分析

综合考虑市场寻求型FDI、效率寻求型FDI、资源寻求型FDI、创造资产寻求型FDI以及政策寻求型FDI的潜力竞争力，考察25个国家和地区FDI潜力竞争力的综合排名（见表5－11），可以看出，2014年美国FDI潜力指数综合得分为57.02分，仍然是世界上最具FDI潜力的国家，位列第2、第3、第4和第5位的国家分别是新加坡、中国香港、澳大利亚和加拿大，而排在25个国家和地区最后7位的国家FDI潜力的综合得分均在30分以下，仍然主要集中在菲律宾、越南、巴西、泰国和印度尼西亚等发展中国家。尽管发展中国家的FDI潜力竞争力落后于发达国家，但中国和马来西亚作为发展中国家的代表，FDI潜力竞争力指数目前已高于西班牙和法国，正逐渐缩小与其他发达国家之间的差距，综合排名分别位列第12和第13位，与2013年持平。

中国对于外资企业所体现出来的引资潜力仍主要体现在市场和效率两个方面，中国仍不具有良好的创造资产潜力以及政策潜力。中国较高的能源消耗强度使得中国资源寻求型FDI的潜力较为突出，但以资源开采和能源消耗作为吸引外资的主要渠道与中国着力倡导的可持续发展与环境保护背道而驰，因此，为进一步促进中国整体FDI潜力的提升，应更好地巩固和培养市场与效率优势，并在此基础上逐步加强人力资本建设和高技能人才培育，提高政府的效率服务意识，完善引资政策并做好投资与产权保护，以提升中国吸引创造资产寻求型 FDI 与政策寻求型 FDI 的潜力。

表 5-11　2014 年样本国家和地区 FDI 潜力指数综合排名

排名	国家/地区	得分	排名	国家/地区	得分
1	美国	57.02	14	德国	39.65
2	新加坡	55.75	15	沙特阿拉伯	37.56
3	法国	52.61	16	智利	35.79
4	澳大利亚	49.75	17	西班牙	35.54
5	加拿大	49.59	18	俄罗斯	33.70
6	爱尔兰	47.46	19	南非	29.81
7	英国	45.91	20	印度	27.95
8	韩国	45.66	21	印度尼西亚	25.55
9	中国香港	45.06	22	泰国	24.67
10	卢森堡	44.89	23	越南	23.46
11	比利时	44.52	24	巴西	22.56
12	中国	40.51	25	菲律宾	19.18
13	马来西亚	40.40			

5.3.3　FDI 贡献度竞争力分析

通过 UNCTAD 提供的外资企业对东道国增加值、就业、出口、税收、工资报酬、研发支出以及资本支出的贡献程度四分位排名①，进行标准化以后，并求出 100－标准化四分位排名，得到的 25 个国家和地区 FDI 的贡献度指数（见表 5-12）。

① 由于数据较难获得，《2012 年世界投资报告》提供了关于 FDI 贡献四分位排名的相关数据，其中越南的数据缺失。UNCTAD2012 年后没有更新这一数据。

表 5－12　样本国家和地区 FDI 贡献指数排名

排名	国家/地区	增加值	就业	出口	税收	工资报酬	研发支出	资本支出
1	比利时	–	1	1	1	1	–	1
2	中国香港	1	1	1	1	1	1	1
3	马来西亚	1	2	2	1	–	–	1
4	新加坡	3	2	2	1	1	3	1
5	英国	2	1	3	2	2	1	2
6	泰国	1	3	3	–	2	–	1
7	爱尔兰	1	1	1	3	4	–	–
8	南非	2	3	2	1	2	2	2
9	巴西	3	3	2	2	3	2	2
10	德国	3	2	3	4	1	1	2
11	法国	3	2	2	3	2	2	3
12	加拿大	3	2	1	3	3	3	2
13	印度尼西亚	3	3	4	–	1	1	3
14	澳大利亚	3	2	3	3	3	3	2
15	智利	2	4	3	2	3	4	1
16	西班牙	3	3	3	4	2	2	3
17	中国	4	2	1	4	4	2	4
18	菲律宾	3	4	3	2	3	–	3
19	印度	4	3	3	3	3	2	4
20	卢森堡	1	1	4	4	4	–	4
21	俄罗斯	3	4	4	4	3	3	2
22	美国	4	3	2	4	4	4	3
23	韩国	4	3	4	4	4	4	4
24	沙特阿拉伯	4	4	4	–	4	–	4

资料来源：相关数据来自《2012 年世界投资报告》，其中越南的数据缺失。表中 3～9 列均为四分位排名。

表 5－12 中数字为 UNCTAD 关于全球 77 个国家和地区的总体排名名次。投资比利时和中国香港的外资企业在促进东道国就业、出口、税收、工资报酬和资本支出增加等方面都表现突出，因而两国的 FDI 贡献指数

最高。此外，发达国家中，新加坡、英国和爱尔兰的 FDI 贡献指数也相对靠前。与 FDI 吸引力指数、FDI 潜力指数不同的是，FDI 贡献指数在发展中国家和发达国家中所体现出来的差异不甚明显，马来西亚、泰国、南非和巴西的贡献指数分别位列 25 个国家和地区的第 3、第 6、第 8 和第 9 位。中国的 FDI 贡献指数排名相对靠后，排在第 17 位，投资中国的外资企业对中国经济增长的贡献主要体现在就业、出口和研发支出上，而 FDI 在增加值、税收、工资报酬和资本支出上的贡献仍有待进一步提高。

5.4 中国与世界主要引资国 FDI 国际竞争力比较分析

在分别分析 FDI 吸引力、FDI 潜力和 FDI 贡献度之后，我们考察 25 个样本国家和地区 FDI 投资环境的综合竞争力。中国香港在 FDI 吸引力、FDI 潜力以及 FDI 贡献度上都位居前列，这使得中国香港成为投资环境竞争力最高的国家，综合得分高达 81.55 分。新加坡紧随其后，投资环境竞争力位居第 2。英国的投资环境竞争力较上一年有所提高，从第 6 位提高为第 3 位。发展中国家中马来西亚的投资环境竞争力最高，47.69 分的综合得分高于诸多发达国家，排在 25 个样本国家和地区中的第 5 位，比 2013 年的第 10 位有了大幅的提升。2014 年，中国的 FDI 国际竞争力得分为 38.88 分，排在 25 个样本国家和地区中的第 12 位，投资环境竞争力比 2013 年提高了 3 位。发展中国家泰国、巴西、南非和智利的投资环境竞争力位居中游，而其他发展中国家的投资环境竞争力均相对靠后，俄罗斯、韩国、越南、菲律宾、沙特阿拉伯是 2014 年 FDI 投资环境竞争力最为薄弱的五个国家。

我们发现对于 FDI 吸引力竞争力与 FDI 潜力竞争力均表现突出的国家和地区，如中国香港、新加坡、英国和澳大利亚，其 FDI 的贡献与现有外商投资的预期也刚好匹配，这说明这些国家和地区具有相对稳定的引资竞争力，未来一段时期内它们将继续吸引FDI的不断涌入。对于引资业绩显著高于潜力的国家，如中国、巴西、印度和印度尼西亚，其FDI的贡献也比现有外资企业的预期贡献水平要高，这说明这些国家具有良好的引资发展势头，短期内它们仍将继续得到FDI企业的青睐，但如果要长期保持这种引资的优势，则需求继续加强诸如基础设施、人力资本、政策制度等方面的引资潜力的建设。此外，与引资业绩相比，具有相对较高FDI潜力的国家，如比利时、马来西亚和德国，其FDI的贡献也相对较高，呈现出高于预期的水平，因此对于这些国家而言，尽管短期内它们的FDI环境并不能够实现稳步提高，但是长期来看，如果这些国家能够充分发挥现有的引资潜力，探索并创新可行的引资政策与制度，则它们未来的引资业绩还将取得更大的进展。

表5-13　2014年样本国家和地区FDI投资环境竞争力排名

排名	国家/地区	得分	排名	国家/地区	得分
1	中国香港	81.55	14	美国	35.28
2	新加坡	66.73	15	法国	33.78
3	英国	54.22	16	智利	30.88
4	比利时	49.04	17	卢森堡	29.83
5	马来西亚	47.69	18	印度尼西亚	27.60
6	爱尔兰	45.78	19	西班牙	25.08
7	加拿大	42.59	20	印度	21.55
8	泰国	40.48	21	俄罗斯	20.76
9	巴西	39.99	22	韩国	19.49
10	南非	39.60	23	越南	16.30
11	澳大利亚	39.23	24	菲律宾	15.85
12	中国	38.88	25	沙特阿拉伯	15.42
13	德国	37.41			

通过我国与世界主要引资国 FDI 国际竞争力比较分析，得出以下主要结论：

第一，中国仍然是吸收 FDI 竞争力最强的发展中国家，竞争优势更多地体现在 FDI 吸引力方面。虽然当前中国外商投资环境正经历着深刻变化，但凭借巨大的市场规模、持续稳定的市场增长潜力、大量低成本劳动的获得以及便利的交通、电信基础设施等方面的优势，中国仍成为全球最具投资吸引力的国家之一。从 2014 年 FDI 国际竞争力的评估结果来看，我国 FDI 发展潜力和贡献度相对不足，而近年来投资潜力日益增强的马来西亚将与中国形成较强的引资竞争关系。为进一步提升我国 FDI 国际竞争力，应结合当前国内深化体制改革和经济结构调整，一方面要加大 FDI 潜力指数比较薄弱的构成变量上的投入，从根本上优化引进 FDI 潜力的各构成变量，另一方面要强化 FDI 对我国经济效益的贡献，特别是对我国增加值、税收等方面的贡献。

第二，中国在市场和效率寻求型 FDI 上的潜力竞争力优势明显，而吸收创造资产寻求型 FDI 和政策寻求型 FDI 的潜力竞争力相对不足。而且，尽管中国在资源寻求型 FDI 上的潜力竞争力较为突出，但从未来可持续发展与环境保护的角度来看，通过牺牲资源与环境来换取外资的流入必然是不可取的（裴长洪，2013）。因此，为进一步有效提升我国 FDI 潜力竞争力，应在巩固好市场和效率优势的基础上，着重挖掘创造资产寻求型 FDI 与政策寻求型 FDI 的有利影响因素，通过教育与培训高素质的人才，加强研发支持力度，增强政府的服务意识，提高效率，不断深化外商投资管理体制改革，推动国际经济制度安排，提升对高标准规则的适应能力，推进投资便利化，制定更为合理有效的引资政策。与此同时，加强对知识产权与投资者权益的保护，努力为外商投资者营造平等竞争的市场环境。

第三，中国市场寻求型FDI的潜力竞争力受市场开放程度和居民消费水平因素的约束。当前，我国主要凭借市场规模和市场潜力的显著优势，成为样本国家中最具FDI市场潜力竞争力的国家，但市场开放程度和居民消费水平相对不足。今后，应契合上海自贸区为标志的新一轮改革给中国外商投资环境带来的历史性变革，积极推动新一轮开放，提高市场开放程度，充分释放改革红利。

第四，未来中国提升吸收FDI竞争力的政策取向应限制资源寻求型FDI的进入，继续鼓励市场寻求型FDI和效率寻求型FDI的投资，提升创造资产寻求型FDI的比重，进一步优化吸收外资结构。加快改革外资管理体制投资审批制度，实行以竞争政策和环境、技术标准为主的管理制度。充分利用税收、信贷等经济杠杆，改善生产性服务业FDI的溢出效应，提高内资企业生产效率。在确保国家经济安全的基础上，加大研发、金融、法律和专业服务等领域的外资开放，利用外资深化生产能力建设，提升吸收FDI的国际竞争力。顺应劳动密集型产业和全球价值链的国际转移趋势，因势利导，有选择地推动沿海外资生产基地向内地转移，将具备条件的沿海中心城市发展为生产性服务业的聚集区。

5.5 我国东部沿海地区不同类型FDI的撤资和转移趋向

综合比较我国与世界主要引资国不同类型FDI的国际竞争力比较分析，并在此基础上对比我国东部与中西部地区不同类型FDI的引资潜力，判断我国东部沿海地区不同类型FDI可能的撤资与区位转移方向如下：

第一，对于市场寻求型FDI而言，我国东部地区的市场优势十分明显，外商直接投资企业目前发生撤资的可能性不大，但由于近年来马来西亚、泰国等国，以及我国中西部地区的居民消费能力、市场增长潜力与市场开放程度的增进速度较快，在市场优势上及我国东部地区的差距在逐步缩小，因此，如果东部沿海地区发生撤资与区位转移，外资企业可能会向马来西亚、泰国及我国中西部地区转移。

第二，对于效率寻求型 FDI 而言，尽管近年来工资相对于劳动生产率的较快增长使得我国东部地区的劳动力成本逐年增加，但庞大的劳动力市场规模以及相对便捷的电信等基础设施，仍使我国东部地区具有一定的效率优势。与我国东部地区相比，俄罗斯并不具有劳动力的成本优势，但在能源、电信等基础设施的供给上优于我国，与此对应，马来西亚、泰国以及我国中西部地区，尽管能源、交通、电信等基础设施状况不及我国东部地区，但综合考虑低成本劳动力的可得性，这些地区在引资过程中，同样也会与我国东部地区形成一定的竞争。

第三，对于资源寻求型 FDI 而言，我国东部地区无论在燃料、金属与矿石的出口上，还是在单位产值的能源消耗上，均与资源大国俄罗斯存在较大的差距，我国东部地区吸引以资源为目的的 FDI 优势并不明显。此外，在燃料出口上我国东部地区不及印度尼西亚、印度和马来西亚；在金属与矿石的出口上，我国东部地区也低于巴西和南非；在能源消耗强度上，除南非、我国中西部地区之外，越南、印度尼西亚和泰国也与我国东部地区基本持平。因此，从撤资与区位转移的角度来讲，俄罗斯、南非、印度尼西亚、巴西以及我国中西部地区都有可能是我国东部地区未来区位转移的方向。

第四，对于创造资产寻求型 FDI 而言，我国东部地区的明显优势主要体现在研发支出强度上，而在表征资产创造优势的其他方面均处于中等水平。在高等教育水平上，我国东部地区低于俄罗斯、泰国和马来西亚，与菲律宾较为接近；在高技能人才的可得性上，我国东部地区不及印度、马来西亚，与印度尼西亚持平；在知识产权的保护上，我国东部地区不及南非和马来西亚，同样与印度尼西亚持平。因此，与周边国家和主要新兴市场国家相比，我国东部地区对于外资企业的吸引力可能会受到马来西亚、俄罗斯、印度、泰国和印度尼西亚的影响。而我国中西部地区由于目前尚不具备吸引该种类型 FDI 流入的区位优势，其吸收东部地区外资转移的可能性相对较小。

第五，对于政策寻求型 FDI 而言，由于近年来相对较高的政府效率与相对优惠的引资政策，我国东部地区的引资潜力得以显著增加。我国东部地区的政治稳定性处于中等水平，政府效率落后于马来西亚、南非，与泰国较为接近，引资政策的优惠程度不及马来西亚、泰国，与越南基本持平。因此，随着周边国家与主要新兴市场国家制度环境和引资政策的不断完善，我国东部地区该种类型的 FDI 受到马来西亚、南非、泰国和越南的吸引将不断增加。与此同时，近年来我国着力推进中西部地区的引资结构并落实引资效果，在此背景下，政府重点支持的一些优势部门，如环保型的劳动密集型产业以及服务业等，将更有可能成为东部地区 FDI 向中西部地区转移的主要领域。

第6章 中国沿海地区FDI撤资和转移的动因分析

本章将通过结构方程模型（SEM）研究撤资决策与其影响因子之间的内在关系，首先构建线性方程系统的结构方程模型，优化该模型探寻撤资动因之间的因果关系，运用EQS 6.1统计软件，结合沿海地区“跨国公司撤资决策的影响因素”调查数据，对我国东部沿海跨国公司撤资的影响因素进行分析，探索撤资动因与撤资决策之间的微观传导机理及内在结构，为中国预警与应对撤资风险提供理论参考。

6.1 研究假设的提出

结合现有文献，基于跨国公司自身的内部因素和外部环境因素两个方面对在华跨国公司撤资的动因进行综合理论分析，并提出相应的研究假设。

1. 跨国公司内部自身因素

（1）跨国公司子公司自身经营状况与撤资。

许多研究认为，跨国公司子公司不断恶化的经营状况是撤资的直接动因，主要表现为财务状况的恶化和生产成本的上升。衡量子公司经营状况的指标通常包括市场拓展空间、投资回报率、销售利润率、市场份额增长率、运营效率以及新产品开发能力等，这些指标从公司的未来发展潜力、公司现状、公司管理以及公司核心竞争力几方面描述了子公司的经营状况。Ravenscraft 和 Scherer（1987）认为，子公司利润下降是撤资可能性的一个重要指标。因为业绩差不仅迫使公司管理层剥离存在问题的业务，而且也预示着公司重组投资业务（Hoskisson and Turk，1990）。而且，有研究表明，在撤资发生的数年前，撤资子公司往往经历一个业绩下降的过程；撤资时，他们往往比母公司的其他子公司业绩差，因此，撤资通常提高公司的市场价值（Markides，1995）。除了业绩差之外，撤资还与公司的竞争优势相关，当公司拥有先进的技术、组织能力等无形资产时，这些资产使得公司在适应东道国当地的市场条件和生产条件方面更具有竞争力，撤资的可能性较低（Chang，1996）。所以，当子公司经营状况良好，具有很高的市场拓展空间、很高的投资回报率、很高的市场份额增长率以及新产品研发能力时，该公司撤资的可能性降低。基于这一分析，我们提出子公司经营状况影响撤资的研究假说 H1（H1：子公司经营状况对撤资决策的影响为负向，即子公司的经营状况越好，撤资的可能性越低）。

（2）跨国公司母公司特征与国外子公司撤资。

跨国公司国外子公司的撤资最终是由母公司做出的决策，而不是子公司（Ghertman，1988），因此母公司的特征对国外撤资来说是一个重要的影响因素。Belderbos 和 Zou（2007）研究认为，跨国公司在国外只有一个子公司时，撤资的可能性降低，而在国外拥有的子公司越多，撤资的可能性越高。跨国公司母公司在考虑撤资搬迁时，重要的不是在当前投资区位上是否获得利润，而是考虑在其他投资区位是否获得更高的利润，即比较不同地区的成本和效率成为母公司最终撤资决策的重要依据。而 Haynes 等（2003）从跨国公司母公司多元化经营角度提出，母公司多元化经营程度越高撤资的可能性越大。因此，为应对成本差异变化和需求条件的变化，跨国公司在不同国家建立的生产网络越多，即设立的生产子公司越多，生产转移的选择性更多，撤资的可能性就更大（Berry，2010）。

另外，母公司的全球化程度以及海外投资经验决定了其不需要对新投资转移地区的政策进行学习，不会面临更换投资区位后的政治、经济、社会方面的冲击，从而降低撤资的成本。当母公司在其投资领域具有很强的竞争优势时，其优势是由其核心竞争力产生，而非依附于特定国家特定市场的结果，从某一子公司撤资转移后其竞争力并不会受到大幅度减损，相反，由于在面临不利的经济形势下，能迅速转移生产能力也是一种重要的竞争优势。因此，在东道国宏观经济环境不利的形势下，跨国公司母公司的全球化程度越高，海外投资经验的经验越丰富时，国外生产子公司越多，多元化程度越高，竞争力越强，撤资的可能性越大。基于这一分析，我们提出母公司特征影响跨国公司子公司撤资的研究假说 H2（H2：母公司特征对撤资决策的影响为正向，即跨国公司母公司全球化程度越高、多元化程度越高，撤资的可能性越高）。

2. 外部环境因素

（1）东道国投资环境与国外跨国公司撤资决策。

跨国公司国外投资通常比国内投资复杂，包含了更多的不确定性。因此，跨国公司对东道国的经济环境、政治环境、经济制度、经济政策等方面引起的社会环境不确定性比较敏感。当东道国宏观环境出现不确定性时，投资环境的变化对跨国公司子公司的经营影响很大（Kogut and Kulatilaka，1994）。东道国投资环境变化可以是有利的，也可以是不利的。当东道国投资环境向有利的方向变化，会给子公司提供更多的商业机会以拓展市场潜力，子公司从中受益。子公司也通过生产和销售更多产品创造更多的利润，比其他国家的子公司更有竞争优势。相反，当东道国投资环境变得越不利时，将对子公司的利润和寿命产生的影响越差。从跨国公司母公司的角度来说，此子公司将越有可能成为缩减和退出的目标，特别是当投资风险上升为不可控时，就比较容易出现大规模的跨国公司撤资现象。例如，在20世纪80年代拉丁美洲金融危机期间，许多拉丁美洲国家都经历了跨国公司的大规模撤资。

许多研究发现，劳动力是一个重要的生产要素，东道国劳动力成本上升是跨国公司面临的宏观经济风险之一（Belderbos and Zou，2009）。当国外子公司面临东道国劳动力成本上升时，在国际劳动力成本存在差异的情况下，国外子公司丧失了成本竞争力，在这种情况下，他们面临调整的压力，包括关闭工厂，生产转移。跨国公司考虑搬迁时，重要的不是他们在当前位置是否获得利润，而是在其他地方能否获得更高利润，即比较利润和效率成为制造业跨国公司生产区位转移和撤资的参考依据（Mata and Freitas，2012）

另外，东道国汇率的剧烈波动，或者东道国对外资优惠政策的调整，将使跨国公司未来收益面临很大的不确定性，在这种情况下，跨国公司也会考虑撤资。Park（2000）通过对韩国制造业跨国公司的研究发现，汇率升值与国外子公司的存活显著负相关。当然，跨国公司不仅考虑东道国优惠政策的变化，也考虑其他可能投资区位的变化。如果这些可投资区位的优惠政策更富吸引力时，他们会考虑搬迁。因此，我们提出东道国投资环境中生产成本和优惠政策对跨国公司子公司撤资影响的研究假设H3（H3：跨国公司子公司经营状况是东道国投资环境和撤资决策的中介变量，不利的投资环境与子公司经营状况负相关，与撤资决策正相关，即东道国投资环境越有利，撤资的可能性越小）。

（2）东道国行业发展状况与国外跨国公司撤资决策。

迈克尔·波特的企业竞争战略理论认为，企业竞争优势是由产业结构决定的，即一个产业中的现有竞争对手、潜在的进入者、替代品的威胁、客户的讨价还价能力和替代品这五种力量共同决定产业竞争的强度以及产业的利润率。也就是说，企业所在的行业发展状况、竞争结构、产业链上下游行业发展方向和变化趋势，以及相关的利益团体都会给公司生存发展带来影响，进而影响公司的撤资决策。其中，影响跨国公司撤资决策的一个重要因素是产品生命周期的演进（Vernon，1979）。如果跨国公司在东道国的投资是基于产品生命周期考虑，那么很可能这个投资区位是暂时的，随着行业生命周期的发展，跨国公司将改变投资区位，此地区很可能成为最佳的撤资区位。研究显示，企业所处的行业发展前景好，其利润率要高于处于衰退行业的企业利润率，行业发展与企业的存活存在显著的正相关效应（Mata and Portugal，1994）。除了行业发展前景外，行业内新竞争者的进入也影响着企业的退出决策，行业新竞争者的进入与企业退出存在正相关关系（Siegfried and Evans，1994）。当公司因为行业低利润、较高的生产成本、产品需求的持续下降或者行业内出现高效率的新竞争者而盈利能力下降和完全亏损时，跨国公司往往会作出撤资的决定。因此，我们提出影响跨国公司子公司撤资的研究假设 H4（H4：跨国公司子公司经营状况是东道国行业发展状况和撤资决策的中介变量，行业发展状况与子公司经营状况正相关，与撤资决策负相关，即行业发展前景越好，子公司撤资的可能性越小）。

根据前面的分析，本研究构建沿海地区在华跨国公司撤资动因的概念模型（见图 6 - 1），采用结构方程模型（Structural Equation Modeling，SEM）研究撤资决策与其影响因子之间的内在关系。与以往的定性研究及传统定性研究不同，本研究将构建更为复杂的多向因果模型，以验证撤资动因之间的内在关系以及各影响因素对撤资决策的影响路径。

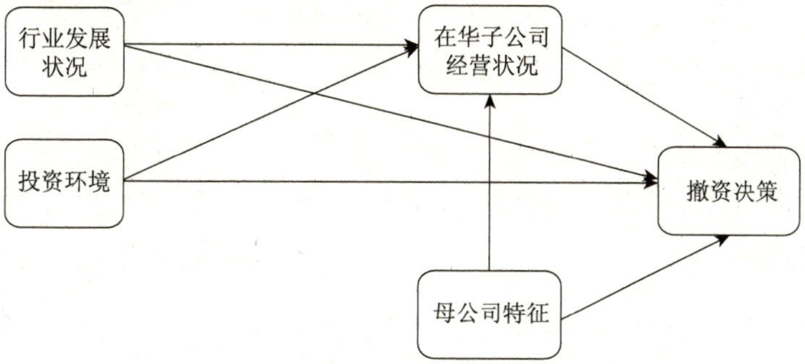

图 6-1 在华跨国公司撤资决策影响因素的概念模型

结构方程模型的设计主要包括两个方面：一是观测变量与潜变量之间的关系，即建立测量模型，界定潜变量与观测变量之间的关系；二是潜变量之间的关系，即建立结构模型，界定潜变量与潜变量之间的关系。本研究的结构方程模型中共包括 19 个观测变量，表 6-1 对相应指标进行具体描述；模型中有 5 个潜变量，包括子公司经营状况、母公司特征、投资环境、行业发展状况以及撤资决策。基于以上考虑，本研究构建了外商投资企业撤资决策影响因素的结构方程模型。

6.2 研究设计

1. 问卷设计

本研究所使用的数据均来自问卷调查。问卷设计是在借鉴已有研究撤资影响因素相关文献的基础上，结合研究假设的理论框架综合设计而来的。问卷调查内容分为在华跨国公司母公司特征、在华子公司经营状况、我国投资环境、行业发展状况、在华子公司撤资倾向和基本信息 6 个方面。虽然影响外商投资企业撤资的因素有很多，但为了准确把握外资企业从我国撤资的影响因素，本研究从众多因素中精炼出外商投资企业经营状况、母公司特征、投资环境和产业发展状况4个潜变量对外资企业撤资决策的影响机制进行测度。

在确定潜变量的测量指标方面，在华子公司经营状况采用在华子公司的投资回报率、销售利润率、新产品开发能力等4个测项；母公司特征采用母公司的全球化程度、多元化经营程度等3个测项；我国投资环境采用外资优惠政策、劳动力成本、人民币升值等6个测项；行业发展状况采用行业发展前景、业内竞争对手等3个测项；撤资决策采用公司从中国投资区位转移倾向、公司向东南亚投资倾向及公司所在行业投资区位转移程度3个测项。本调查问卷采用7点Likert量表法来衡量测项，即问卷回答者根据问卷中的测项问题进行主观打分，将在华子公司经营状况、母公司特征、投资环境、行业发展状况以及撤资决策的观测变量分为7点评价刻度，分值越高表示同意的倾向性越大，“1”表示完全不同意，“7”表示完全同意；同时将在华外资公司的撤资倾向也分为7点评价刻度，分值越高表示撤资倾向性越大，“1”表示完全无撤资倾向，“7”表示有严重撤资倾向，具体测算的指标体系见表6-1。

表6-1 测量指标体系

潜变量	代码	观测变量
在华子公司经营状况	S1	公司具有很高的销售利润率
	S2	公司具有很高的市场拓展空间
	S3	公司具有很高的新产品开发能力
	S4	公司具有很高的投资回报率
母公司特征	P1	外资母公司全球化程度很高
	P2	外资母公司在中国成立了多家合资/独资企业
	P3	公司的母公司多元化经营程度很高

续表

潜变量	代码	观测变量
投资环境	EN1	欧美国家实行更具吸引力的外资优惠政策
	EN2	中国周边国家实行更具吸引力的外资优惠政策
	EN3	中国国内劳动力成本增加
	EN4	中国国内原材料成本增加
	EN5	中国国内能源价格高，涨幅大
	EN6	人民币升值对外商投资造成压力
行业发展状况	I1	公司所在行业发展前景很好
	I2	公司所在行业没有很多实力雄厚的竞争对手
	I3	公司拥有很多可选择的供应商
撤资决策	DI1	公司从中国投资区位转移倾向
	DI2	公司向东南亚投资倾向
	DI3	公司所在行业投资区位转移程度

2. 研究样本与数据特征

本研究使用的数据来源于研究团队委托中国海关总署在跨国公司在华投资比较集中的10个城市进行的抽样调查，既有珠江三角洲地区的深圳、广州、厦门，长江三角洲地区的上海、宁波、无锡、杭州，也有环渤海地区的北京、天津、大连，在区域上具有充分的代表性。为确保调查问卷的信度和效度，我们首先与研究外商投资领域的专家学者进行探讨，根据专家意见，经过反复的小组讨论，确定调查问卷的初稿。之后，我们选择10家在华跨国公司企业进行问卷的预测试，通过访谈，我们修改问卷预测试中所发现的表述不清晰、文字冗余、标题误导等问题，最终确立正式的调查问卷。在实际调研过程中，所有样本的选取都是根据当地海关部门提供的企业名录按照随机分层抽样方法选取，样本总体是在华制造业跨国公司，以被调查公司中层以上的管理者为对象进行了问卷调查。我们从2013年11月至2014年10月进行问卷的发放与回收工作，调查问卷共发放600份，调查问卷收回580份，回收率为

96.67%，剔除没有撤资倾向的问卷（431份），以及填写随意不认真的问卷（16份），最后得到有效问卷133份，有效回收率达到22.17%，即撤资样本占调研总样体的22.17%，总体上可以较好地代表沿海地区外商投资企业撤资的实际情况，样本数据特征见表6-2。

表6-2　样本特征描述统计

公司基本信息	选择参数	数目	所占比重
投资来源国和地区	美国	16	12.03%
	欧盟	15	11.28%
	日本	27	20.30%
	韩国	13	9.77%
	中国台港澳	51	38.35%
	其他	11	8.27%
公司性质	外商独资公司	103	77.44%
	外方控股合资	14	10.53%
	中外合资公司	8	6.02%
	未标明股权份额或非外资	8	6.02%
在华公司地位	中国总部	60	45.11%
	非中国总部	71	53.38%
	未标明	2	1.50%
企业成立年限	20年以上	19	14.29%
	10年以上20年以下（含20年）	67	50.38%
	5年以上10年以下（含10年）	24	18.05%
	5年以下（含5年）	17	12.78%
	未标明	6	4.51%
公司规模（注册资本额）	低于200万美元	7	5.26%
	200万~500万美元	39	29.32%
	500万~1000万美元	22	16.54%
	1000万~3000万美元	25	18.80%
	高于3000万美元	36	27.07%
	未标明	4	3.01%

续表

公司基本信息	选择参数	数目	所占比重
撤资行业分布	通信设备、计算机及其他电子设备制造业	42	31.58%
	纺织服装、鞋、帽制造业	27	20.30%
	通/专用设备制造业	21	15.79%
	化学原料及化学制品制造业	7	5.26%
	橡胶塑料制品业	7	5.26%
	其他行业	29	21.81%

从撤资来源地看，撤资样本主要来源于中国台港澳地区，依次是日本、美国、欧盟、韩国，这与我国实际外资结构相符，其中，美国、欧盟、日本、韩国的外资企业撤资比重达53.38%，占到撤资样本的半壁江山；从公司性质来看，调查样本中的外商独资公司所占比重达70%以上，外资控股公司所占比重高于80%，调研主体符合调研主题；从在华公司地位来看，样本中公司地位为中国总部的占到近45.11%，这将有助于我们调查样本与母公司的联系对撤资决策的影响；从企业成立年限来看，样本企业的成立年限以10年以上20年以下（含20年）为主，占样本的50.38%，而撤资企业年限10年以上的占样本的64.67%，这批企业正是20世纪90年代以前进入中国或者是2004年以前进入中国的企业，以效率寻求型和政策寻求型外企为主，这些企业享受了中国的劳动力红利与改革红利，随着中国的要素成本价格出现全面上涨，特别是2008年新劳动合同法实施后，东部沿海地区劳工成本平均每年上升10%以上，成为生产成本、政策调整影响最大的一批企业；从公司规模来看，大型跨国公司36家，中型跨国公司86家。从撤资行业分布来看，撤资样本占比最高的是通信设备、计算机及其他电子设备制造业，为31.58%，纺织服装、鞋、帽制造业为第二行业，占比20.30%，依次为通/专用设备制造业占15.79%，化学原料及化学制品制造业占5.26%，橡胶塑料制品业占5.26%。

3. 变量测量

（1）量表的信度检验。

信度检验用以检测调查问卷测试结果的一致性、稳定性及可靠性。常用的信度测量方法为 Cronbach's α 系数，通常指量表所有可能的项目划分方法得到的折半信度系数的平均值。一般而言，Cronbach's α 在 0.65～0.7 为最小可接受信度系数值，0.7～0.8 认为信度相当好，0.8～0.9 认为信度非常好。本研究运用 SPSS 22.0 对量表进行信度检验。研究结果显示，量表各测度项的 Cronbach's α 系数值都在 0.70 以上，高于 0.70 的判断标准（Fornell and Larcker，1981），其中子公司自身经营状况的总体信度值达到了 0.906。检验的结果说明各量表的信度较高，变量之间具有较好的内部一致信度，具体见表 6－3。

表 6－3　各变量的验证性因子分析

<table>
<tr><th>潜变量</th><th>测度项</th><th>标准化因子载荷</th><th>非标准化 T 值</th><th>影响因素 Cronbach's α</th><th>组合信度 CR</th></tr>
<tr><td rowspan="6">在华子公司经营状况</td><td>公司具有很高的销售利润率</td><td>0.932</td><td>—</td><td rowspan="6">0.906</td><td rowspan="6"></td></tr>
<tr><td>公司具有很高的市场拓展空间</td><td>0.944</td><td>18.033</td></tr>
<tr><td>公司具有很高的新产品开发能力</td><td>0.753</td><td>10.448</td></tr>
<tr><td>公司具有很高的投资回报率</td><td rowspan="3">0.872</td><td rowspan="3">14.450</td></tr>
<tr><td>公司具有很高的销售收入增长率</td></tr>
<tr><td>公司具有很高的运营效率</td></tr>
<tr><td rowspan="3">母公司特征</td><td>外资母公司全球化程度很高</td><td>0.753</td><td>—</td><td rowspan="3">0.759</td><td rowspan="3">0.773</td></tr>
<tr><td>外资母公司在中国成立了多家合资/独资企业</td><td>0.703</td><td>5.927</td></tr>
<tr><td>公司的母公司多元化经营程度很高</td><td>0.731</td><td>6.023</td></tr>
</table>

续表

潜变量	测度项	标准化因子载荷	非标准化T值	影响因素Cronbach's α	组合信度CR
投资环境	欧美国家实行更具吸引力的外资优惠政策	0.404	—	0.838	0.879
	中国周边国家（日韩等国）实行更具吸引力的外资优惠政策	0.587	1.471		
	中国国内劳动力成本增加	0.805	2.055		
	中国国内原材料成本增加	0.865	2.083		
	中国国内能源价格高，涨幅大	0.886	2.105		
	人民币升值对外商投资造成压力	0.825	1.880		
行业发展状况	公司所在行业发展前景很好	0.572	—	0.708	0.778
	公司所在行业没有很多实力雄厚的竞争对手	0.861	1.479		
	公司拥有很多可选择的供应商	0.754	1.429		
撤资决策	公司从中国投资区位转移倾向	0.641	5.818	0.825	0.767
	公司向东南亚投资倾向	0.688	5.412		
	公司所在行业投资区位转移程度	0.833	3.219		

（2）量表的效度检验。

我们采用探索性因子分析法对问卷进行效度检验，首先，进行KMO检验和巴特利球体检验，结果显示，KMO检验系数为0.780，P值为0.000（见表6－4）。通常认为，KMO统计量在0.7以上时，模型更适合进行因子分析，而在0.5以下时不适合做因子分析（张文彤，2004），当巴特利球体检验中P值小于0.01时，表示其在1%的显著性水平上拒绝零假设，认为该组量表相关系数矩阵不可能是单位阵，即原始变量之间存在相关性，适合进行因子分析，因此，问卷具有结构效度，适宜进行因子分析。

然后，采用主成分因子分析法，对样本数据进行迭代式多轮探索性因素分析后，对指标进行主成分抽取和斜交旋转，提取特征值大于1的因子四个。同时，根据聚合有效性原则，所有标准化的因子载荷要大于0.5且达到显著水平，尽量保证每个维度有不少于三个指标的原则。根据区别有效性原则，一个测度项与其对应因子的载荷要大于这个测度项与其他所有因子的载荷，最终结果见表6－5。第一个因子载荷的是S1～S4指标，这四个指标在在华跨国公司子公司自身经营状况这一因子项上载荷系数较高；第二个因子载荷的是指标P1～P3，这三指标在母公司特征因子项上载荷系数较高；第三个因子载荷的是EN1～EN6指标，这六个指标在外部投资环境因子项上载荷系数较高；第四个因子载荷的是I1～I3指标，这三项指标在产业发展状况因子项上载荷系数较高。表6－5中的指标均符合聚合有效性原则和区别有效性原则，因此具有适当的有效性，可以在构建结构方程模型中使用。同时，斜交旋转后累计方差解释量达到67.961%，显示出测量具有较好的结构效度。

表6－4　KMO检验和巴特利球体检验结果

KMO样本充足率检验		0.780
巴特利球体检验	近似卡方	945.524
	自由度	120
	显著性	0.000

表6－5　旋转因子载荷矩阵

变量		因子			
代码	指标	在华子公司经营状况	投资环境	母公司特征	行业发展状况
S1	公司具有很高的销售利润率	0.872			
S2	公司具有很高的市场拓展空间	0.893			
S3	公司具有很高的新产品开发能力	0.736			

续表

变量		因子			
代码	指标	在华子公司经营状况	投资环境	母公司特征	行业发展状况
S4	公司具有很高的投资回报率	0.860			
P1	外资母公司全球化程度很高			0.734	
P2	外资母公司在中国成立了多家合资/独资企业			0.806	
P3	公司的母公司多元化经营程度很高			0.805	
EN1	欧美国家实行更具吸引力的外资优惠政策		0.527		
EN2	中国周边国家（日韩等国）实行更具吸引力的外资优惠政策		0.653		
EN3	中国国内劳动力成本增加		0.821		
EN4	中国国内原材料成本增加		0.878		
EN5	中国国内能源价格高，涨幅大		0.838		
EN6	人民币升值压力		0.747		
I1	公司所在行业发展前景很好				0.524
I2	公司所在行业没有很多实力雄厚的竞争对手				0.714
I3	公司拥有很多可选择的供应商				0.594
特征值	4.852	3.220	1.499	1.302	
方差解释量（%）	30.327	20.128	9.370	8.137	
累计方差解释量（%）	30.327	50.454	59.824	67.961	

注：提取方法：主成分分析法；转轴方法：具有 Kaiser 正规化的四次最大值转轴法。

6.3 实证分析

1. 模型建立与检验

本研究运用 EQS 6.1 统计软件对沿海地区跨国公司撤资的影响因素进行分析。EQS（Equally Spaced）是广泛使用结构方程模型的软件之一，尤其是在处理非正态分布和有缺失值的数据方面更为有效，EQS 能够处理非正态分布数据与遗失数据的正规化模型，该类处理方法应用了目前世界最先进的统计方法。而通过随机分层抽样所取得的数据并不能保证其分布为正态分布，且在数据收集过程中存在部分数据遗失的情况。使用 EQS 软件能够最大限度地使用有效样本，正确处理样本收集过程中所出现的不可控问题。

根据 Anderson 和 Gerbing（1988）所提出的两阶段线性结构关系分析方法，前文已对各观测变量和潜变量进行信度和效度检验，在对检验结果修正的基础上，确定最终可用的因子结构。在此部分，我们要建立各潜变量间的结构方程模型，首先根据前面结构方程模型设计，结合图 6－1 所示在华跨国公司撤资影响因素的概念模型，建立影响撤资决策潜变量的理论模型，如图 6－2 所示。

根据图 6－2 的模型设定，我们采用极大似然估计法（Maximum Likelihood Estimates，MLE）。对于线性结构模型而言，所需的样本量要求样本量减去模型中所要估计的参数数目应大于 50（Bagozzi and Yi，1988），样本量介于 100 至 150 间，比较适合使用极大似然估计法估计结构模型（Ding et al.，1995）。若样本量太大（如大于 200），MLE 会变得过度敏感，容易使所有的拟合度指标检验都出现拟合不佳的结果。本研究所用样本数为 133，完全符合分析要求。而且，采用极大似然估计法要求所有指标变量的分布为正态或近似正态分布，EQS软件则提供了处理数据非正态分布的Elliptical选项，使极大似然估计法能够对非正态分布数据进行更为合理的估计。

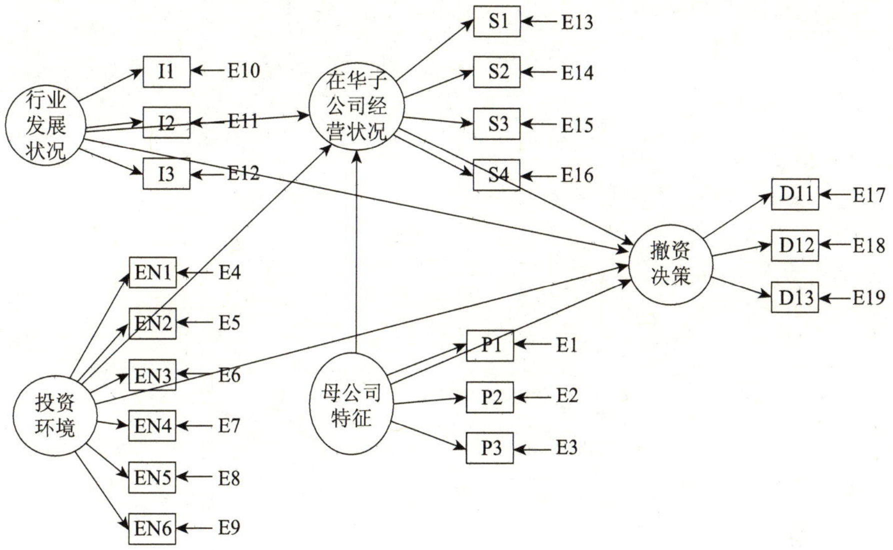

图6-2　在华跨国公司撤资影响因素的理论模型

为了检验本研究所假定的理论框架，我们对不同的结构方程模型进行路径分析，候选模型的结构如图6-3所示，然后，基于极大似然估计法，建立结构方程模型，得出不同模型的似合优度指标见表6-6。为了找出拟合优度最高的模型，我们采用Bagozzi和Yi（1988）所建议的整体模型拟合优度评估方式进行模型比较。由表6-6中的拟合优度指标对比可知，模型Ⅲ为拟合优度最高的模型。模型Ⅲ的卡方自由度比χ^2/df（1.54）远小于2，非规范拟合指数NNFI（0.949）、比较拟合指标CFI（0.957）、增值适配指数IFI（0.958）均大于0.9，而RMSEA拟合指数则小于0.08，因此经过删除外部投资环境到母公司特征路径后的模型Ⅲ拟合较好，其参数估计结果是可接受的，修正调整后的模型Ⅲ如图6－4所示。

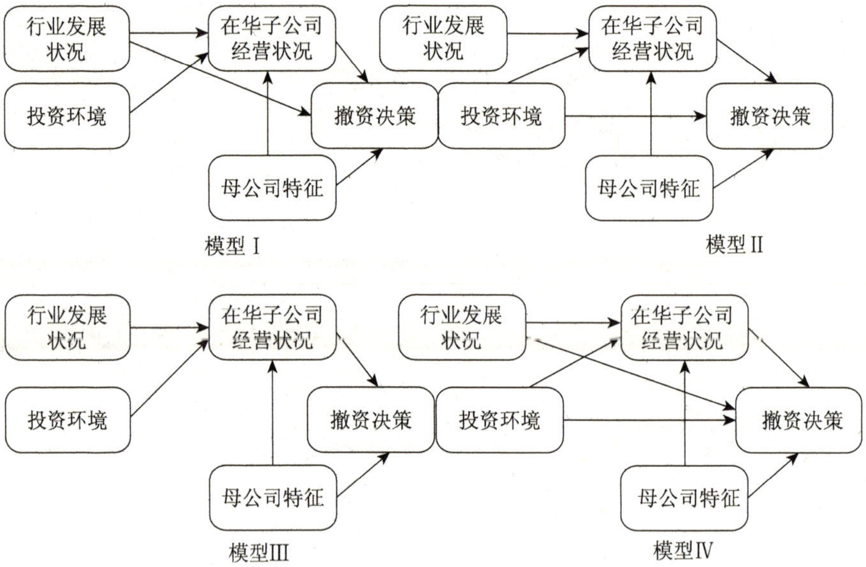

图6－3　撤资模型结构图

表6－6　模型拟合优度值对比

模型编号	χ^2/df ①	NNFI②	CFI③	IFI④	RMSEA⑤
模型Ⅰ	1.58	0.945	0.954	0.954	0.066
模型Ⅱ	1.56	0.947	0.955	0.955	0.066
模型Ⅲ	1.54	0.949	0.957	0.958	0.064
模型Ⅳ	1.57	0.946	0.954	0.955	0.066

注：①Carmines 和 McIver（1981），认为通过检验的条件为小于2；②Bentler 和 Bonnett（1980），认为通过检验的条件为大于0.9；③Bentler（1988），认为通过检验的条件为大于0.9；④Hu 和 Bentler（1999），认为通过检验的条件是大于0.9；⑤Browne 和 Cudeck（1993），认为该指标应小于0.1，越小越好，小于0.08为较好的拟合，小于0.05为非常好的拟合。

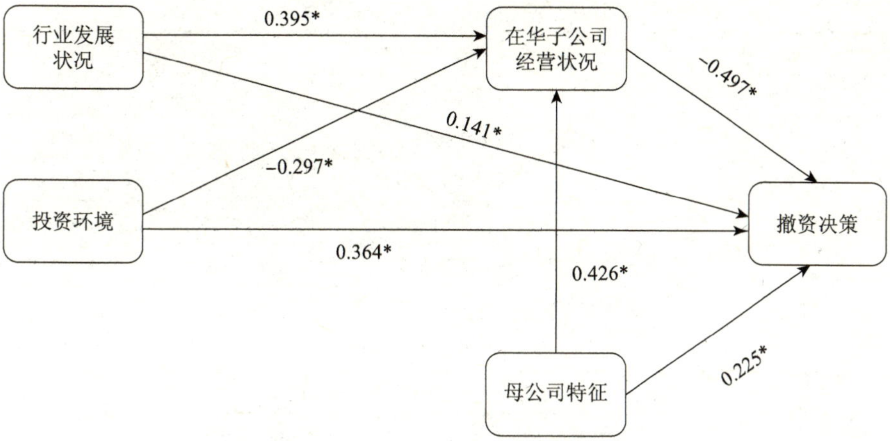

图 6-4　调整后在华跨国公司撤资决策影响因素模型的潜变量间路径关系

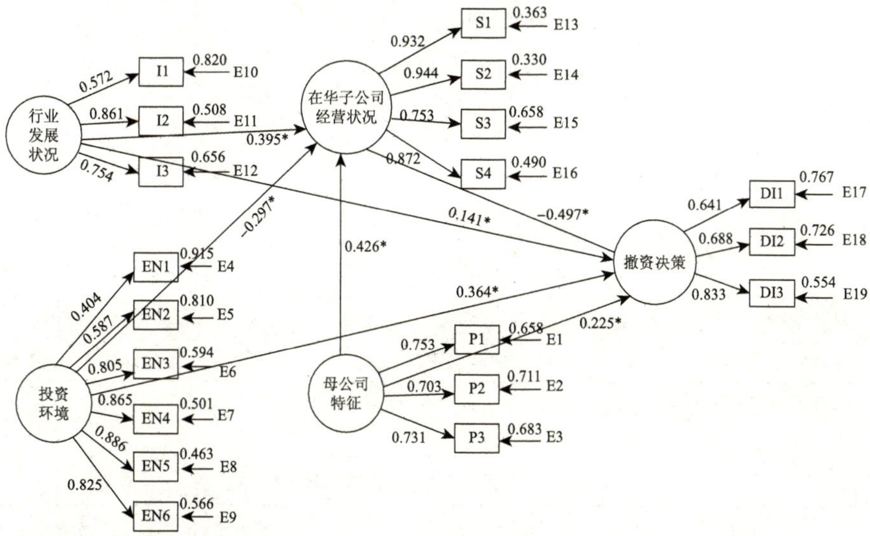

图 6-5　调整后在华跨国公司撤资决策影响因素模型的标准化参数估计结果示意图

注：路径系数为标准化值；$*p<0.05$。

表 6-7　测量模型：观测变量与潜变量系数的参数估计

潜变量	观测变量	参数估计值
在华子公司经营状况	公司具有很高的销售利润率	0.932*
	公司具有很高的市场拓展空间	0.944*
	公司具有很高的新产品开发能力	0.753*
	公司具有很高的投资回报率	0.872*
母公司特征	外资母公司全球化程度很高	0.753*
	外资母公司在中国成立了多家合资/独资企业	0.703*
	公司的母公司多元化经营程度很高	0.731*
投资环境	欧美国家实行更具吸引力的外资优惠政策	0.404*
	中国周边国家（日韩等国）实行更具吸引力的外资优惠政策	0.587*
	中国国内劳动力成本增加	0.805*
	中国国内原材料成本增加	0.865*
	中国国内能源价格高，涨幅大	0.886*
	人民币升值对外商投资造成压力	0.825*
行业发展状况	公司所在行业发展前景很好	0.572*
	公司所在行业没有很多实力雄厚的竞争对手	0.861*
	公司拥有很多可选择的供应商	0.754*
撤资决策	公司从中国投资区位转移倾向	0.641*
	公司向东南亚投资倾向	0.681*
	公司所在行业投资区位转移程度	0.833*

注：路径系数为标准化值；$*p<0.05$，EQS 软件给出的参数估计值均在 $*p<0.05$。

表 6-8　各变量对撤资决策的影响分析

变量	直接效应	间接效应	总效应
子公司经营状况	-0.497	—	-0.497
母公司特征	0.225	-0.212	0.013
投资环境	0.364	0.148	0.512
行业发展状况	0.141	-0.196	-0.055

2. 模型参数估计结果的解释

图6－5显示了调整后的外商投资企业撤资影响因素模型的标准化参数估计结果。模型输出结果给出了非标准化和标准化的结果，由于标准化结果的参数估计结果不受各指标或因子量纲的影响，便于对变量之间的相互关系进行分析，因此，图6－5的模型采用标准化情况下的参数结果。

根据方程模型的输出结果，表6－7说明模型参数估计值和显著性水平，潜变量与观测变量间的标准化载荷系数为正，范围从0.404到0.944，除了外商投资环境与欧美国家实行更具吸引力的外资优惠政策的因子载荷系数为0.404外，其他都在0.5以上，具有显著性（$p < 0.05$），说明指标对潜变量有很好的解释力。

根据图6－5输出结果，我们可以得出以下结论：

①跨国公司在华子公司自身经营状况在5%的显著性水平下对撤资决策产生负向影响，影响系数为0.497，假设H1获得支持，而外资企业撤资决策主要由企业从中国投资区位转移倾向、企业向东南亚投资倾向和企业所在行业投资区位转移程度3个观测变量来测量，其中，企业所在行业投资区位转移程度对公司撤资决策的影响最大，影响系数为0.833，说明沿海地区外资企业的撤资行为并非个体行为，受所在行业发展前景影响很大。

②母公司特征对子公司撤资决策的影响既有直接效应，也有间接效应，即母公司特征也会通过子公司经营状况对撤资决策产生间接影响，因而，母公司特征对子公司撤资决策的总效应等于直接效应加上间接效应。据图6－5和表6－8所示，母公司特征对撤资决策的直接效应显著为正向效应（0.225），间接效应为负向（－0.212），其总体效应显著为正向，其影响系数为0.013，假设H2获得支持。这一结果说明，在

华跨国公司母公司的全球化程度、多元化程度越高以及竞争力越强，在华跨国公司越容易撤资，因此，在监控外商投资企业撤资对我国经济影响，构建预警体系方面，必须关注在华跨国公司母公司特征这一因素。

③不利的投资环境对撤资决策的影响也是既有直接效应，也通过子公司经营状况对撤资决策产生间接效应，直接效应显著为正向（0.364），间接效应为正（0.148），总效应显著为正向，其影响系数为0.512，假设H3得到支持。这证实了我国东部沿海地区生产要素成本上升和外资优惠政策的相对减弱是在华制造业跨国公司撤资的主要影响因素，表明劳动成本增加、原料成本上升、能源价格上涨、人民币升值会直接影响外资企业经营状况，减少外资企业的成本竞争优势，最终导致外资企业的撤资。而我国沿海地区制造业外资优惠政策吸引力的减弱，周边国家不断推出吸引外资的优惠政策，以及外资企业母国特别发达国家在“再工业化”战略驱动下推出吸引制造业回流的政策刺激措施，也是影响撤资决策的重要因素。从影响系数来看，能源价格、原材料成本和人民币升值比劳动力成本对撤资的影响更大些，总的生产要素成本上升比外资优惠政策减弱对撤资决策的影响力更强。

④行业发展状况与撤资决策显著负相关。尽管行业发展状况对撤资决策具有显著的正向影响，其影响系数为0.141，但行业发展状况还通过子公司经营状况来间接影响撤资，并且这种间接影响（-0.196）大于其直接影响（0.141），因此总体来说，子公司经营状况在行业发展状况与撤资决策之间的中介作用成立，行业发展状况对撤资决策的总效应为-0.055，行业发展状况越好，撤资的可能性越小，假设H4获得支持。从影响系数来看，行业内实力雄厚的竞争者增加是行业因素影响撤资的最主要因素。

⑤比较各潜变量的影响系数，我们发现，在撤资决策的四个动因

中，投资环境和子公司经营状况的影响最大，依次是母公司特征、行业发展状况。可见，相对于跨国公司内部自身因素，我国外部投资环境因素对沿海地区外商投资企业撤资动因的解释力度更强。

6.4 结论与建议

1. 主要结论

本研究运用结构方程模型对我国东部沿海地区外商投资企业撤资的动因进行分析，结果发现，生产要素成本上升和外资优惠政策相对减弱的外部投资环境、行业发展状况、母公司特征对外商投资企业撤资决策具有显著的正向效应，而子公司的经营状况对撤资决策有显著的负向效应。这说明，影响我国东部沿海地区外资企业撤资的因素不仅仅包括已有文献常提出的子公司自身经营状况和母公司特征，一个非常突出的特点是，由于我国当前生产要素成本上升以及制造业外资优惠政策吸引力相对减弱，从而导致我国东部沿海地区成本寻求型和政策寻求型外商投资企业的撤资，而行业内实力雄厚竞争者的增多则是市场寻求型外商投资企业撤资的主要因素。特别是，能源价格、原材料成本和人民币升值比劳动力成本对撤资的影响更大，总的生产要素成本上升比外资优惠政策减弱对撤资决策的影响力更强。

从各因素对撤资决策影响的最终结果来看，投资环境和子公司经营状况的影响最大，依次是跨国公司母公司特征和行业发展状况。子公司经营状况是撤资决策中最重要的直接影响因素，其中，公司销售利润率、市场拓展空间、投资回报率和新产品开发能力是主要影响指标。因而，在防范外商投资企业大规模撤资，监控外商投资企业投资流向时，必须关注外商投资企业的销售利润率、市场拓展空间、投资回报率和新产品开发能力指标，通过这些指标判断企业经营状况，以及时应对外商投资企业撤资带来的影响。

实证结果显示，我国投资环境中生产要素成本上升和外资优惠政策相对减弱对跨国公司撤资决策不仅有明显的直接作用，还通过对公司自身经营状况的影响来间接作用于撤资决策，而且，投资环境的影响力显著强于子公司经营状况，说明投资环境对外资企业撤资的诱致性作用更大些，该结论与葛顺奇和罗伟（2013）的结论一致。投资环境因子载荷系数分析表明，生产要素成本和外资优惠政策两个因子的载荷系数最高，这意味着成本寻求型和政策寻求型外商直接投资将是跨国公司撤资的主力。欧美等国更具吸引力的优惠政策也具有较强的解释力，这意味着中国进入“高成本”时代的同时，部分中高端制造业也存在回流到发达国家，以及大部分劳动密集型制造业转移到成本更具优势的发展中国家的风险。

我国新增外商投资扩大与存量外商投资撤离并存。根据调查样本数据显示，撤资样本占整体样本的22.17%，这就意味着2013—2014年间我国沿海外商投资撤资的比例仅为22.17%，说明当前我国外资撤资的比例并不高，外资撤资在正常范围之内，并未出现大规模外资集中撤离。而且，根据实证分析结果，成本寻求型和政策寻求型外商投资将成为撤资的主体，撤出的外资集中在传统劳动密集型和资源密集型行业。这是由于在持续的渐进式改革和市场经济结构转型升级过程中，中国吸引外商直接投资的区位优势也在逐渐变迁。一方面，在全球价值链重构的过程中，跨国公司重新寻找价值洼地，将价值链主要生产环节在全球范围内重新布局，加速劳动密集型外商投资向外转移，属于正常企业行为。另一方面，更重要的是，为适应当前我国经济结构调整和产业转移升级之需，必然伴随着利用外资结构的调整和升级，而撤出的传统劳动密集型和资源密集型外商投资恰是调整的主要对象，从而有利于我国实现价值链升级和比较优势的动态转化，促进经济结构转型升级。

2. 政策建议

我们根据研究结果以及外商投资变迁趋势，提供以下建议：

①我们的实证结果表明，生产要素成本上升和外资优惠政策吸引力相对减弱是在华跨国公司撤资的最重要动因，而且劳动成本增加、原料成本上升、能源价格上涨也直接影响企业经营状况，减少企业的成本优势，以及内外资企业税费的并轨，外资企业的税费成本显著增加，令企业的交易成本增加，使成本寻求型外资企业面临巨大的生存压力，加剧外商撤资风险。成本升高的地区主要集中在外商投资集中的东部沿海地区，而中西部地区的投资成本仍处于较低水平，因此建议配合“一带一路”新政策，将外商投资向中西部引导，使跨国公司享受新一轮政策红利的同时，实现我国经济的平稳过渡。而且，要开拓新型引资渠道，跳出“拼政策”怪圈，积极发展“一带一路”建设，加强与亚太地区、中东地区及非洲地区的联系，配合我国已有的中西部发展战略，积极吸引外资对中西部地区进行基础投资，发展该地区具有比较优势的行业，为我国引资结构调整开拓新空间、注入新活力。在引导外商投资向中西部转移过程中，关键是降低投资转移成本、进入成本和运营成本。金融机构、劳动和社会保障部门与招商引资管理部门协同，调处外商投资企业退出的债务、就业和社保等问题，可以降低企业转移成本；培育中西部承接外资转移的区域中心，形成吸引中心和集群效应，可以由集群的企业分摊进入成本；控制物流成本、土地成本，协助企业开展劳工培训，提高劳动者素质，大力发展生产性服务业，强化产业配套能力，可以降低企业运营成本，保持中西部地区对外商投资的吸引力。

②根据实证结果，在华跨国公司自身经营状况不仅是撤资决策最重

要的直接影响因素，也是母公司特征、生产要素成本、优惠政策和产业风险演变因素与撤资决策的中介变量，因此，必须关注在华跨国公司自身经营情况。而企业自身经营状况与其销售利润率、投资回报率、市场拓展空间、市场份额增长率、运营效率以及新产品开发能力有关，商务部应做好对于外商中小企业的管理工作，通过与行业协会、贸促会的合作及时掌握外商投资企业的经营动态，定时对每个产业的外商投资企业进行分析，梳理出已登记外商投资企业的经营状况，并进行排序，及时了解可能存在的撤资倾向。若观察到某一国别的中小企业大规模撤资，则应与外交部联合构建共同反应决策平台，对该事件进行反应决策，由外交部出面与投资国政府沟通，提振对中国市场投资信心；而商务部门则与中小企业负责人进行交涉，了解其撤资情况，共同寻找解决撤资问题的方案，帮助中小企业提高治理状况，提升经营业绩，降低撤资带来的风险。

③我们的实证研究结果实证了母公司特征对撤资决策具有明显的正向影响。当母公司多元化经营程度越高、全球化程度越高、具有丰富的海外经验，以及在该投资领域具有很强的竞争优势时，在华跨国公司的子公司越容易撤资，而具有这种特征的公司基本上都是上市的大型跨国公司。因此，在引导鼓励投资类跨国公司向中西部转移，最小化其对社会和经济所带来的冲击时，各政府部门和企业协会、商会应通力协作，降低投资区位转移成本，并加强对大型跨国公司母公司相关特征情况的监控，通过跨国公司官方网站、企业年报、相关评估机构所公布的信息等渠道进行资料收集，及时了解其战略意图及在世界各地子公司的经营状况，留意该公司在国内产业中的发展状况，对于即将实施撤资行动的公司提前得以预判，并制定具体应对策略，建立相应的撤资预警体系。

④实证结果还表明，行业发展状况与撤资决策存在着明显的负向效

应。当行业内实力雄厚的竞争者越多、行业发展前景越差，行业的整体利润越小，竞争加剧时，跨国公司撤资的可能性越大。因此，政府在监管行业因素对撤资的影响时，需要从行业发展前景、业内竞争者和供应商方面来监测行业发展的状况。

⑤外商投资企业撤离在金融危机后全球价值链重构背景下凸显出来。2008年国际金融危机爆发以来，世界经济复苏乏力，跨国公司在需求紧缩的条件下面对更加激烈的竞争，需要进一步降低生产成本，诱发其在全球范围内重新寻找价值洼地，将价值链各个主要环节在全球布局，吸纳和整合全球最优质资源，重构全球价值链；欧美等发达国家提出了再工业化战略，修正制造业过度外包而引起的实体经济产业空心化等问题，对其产业链的全球空间布局进行重组，打破了全球生产体系的原有分工，高端制造业重心向发达国家回流；中国等新兴经济体为避免在价值链低端被锁定，大力推动产业转型升级，重视科学技术投入和发展，增强核心竞争力，朝着价值链的上游努力，而东盟等新兴经济体进一步扩大开放，积极出台优惠政策，承接国际产业转移，加快融入全球价值链加工制造环节；发达国家主导国际经贸规则变迁，为跨国公司的全球价值链重构开辟道路，全球价值链重构带来跨国公司全球生产的再布局。

基于全球价值链重构和外商投资区位转移的现实，我国必须加快经济结构转型升级，经济结构转型升级的重点不应再局限于实现工业化，以及从制造业大国向服务业大国转化，而在于向价值链的高端延伸，在巩固中国制造大国地位的同时，谋求中国设计、中国创造、中国营销和服务。从全球价值链的视角看，设计、研发、制造、营销、服务等全球价值链的各环节，不会在一个国家内部实现，必须充分利用全球资源，加强国际产能合作，在开放、合作与国际竞争中提升价值链水平。应该旗帜鲜明地反对贸易和投资保护主义，改变仅在国家内部发展本土企业和本土产业的思维观念，推动我国企业融入全球价值链。一方面，坚定不移地实施欢迎跨国公司投资的政策，在与跨国公司的竞合中推动我国企业提升在全球价值链中的地位。改善营商环境，加强反垄断、反腐败、保护知识产权的力度，创造所有类型企业平等、公平的制度条件，继续推进行政管理体制改革和投融资体制改革，对外商投资全面实行准入前国民待遇和负面清单的管理模式，简化行政审批手续，扩大市场准入，吸引全球价值链中的各环节落地，在与跨国公司合作与竞争中提升我国企业的价值链水平；另一方面，财政、税收、金融、保险等部门通力协作，支持企业“走出去”，在全球市场配置资源，向价值链高端迈进。

第7章 应对外商投资撤资和转移的对策

在持续的渐进式改革和经济转轨过程中，中国吸引FDI的区位优势也在逐渐变迁。丰富的劳动力资源和低廉的劳工成本，持续快速增长的国民经济和庞大的市场规模，颇具吸引力的外资特殊优惠政策，构成了中国的区位优势，吸引大量FDI纷纷进入中国市场。然而，中国的区位优势正在变迁。人民币持续升值，新的劳动合同法实施和劳动力成本增加，能源和资源类产品价格上涨，环境保护压力增大，优惠政策调整，国际经济动荡下行，面对中国国内投资环境和外部市场环境即区位优势的变化，FDI必然加速调整投资区位。

当前，受国内劳工成本上升、资源价格上涨、人民币升值等因素影响，我国东部沿海地区劳动密集型外商投资企业成本优势减弱，吸引FDI的区位优势正在发生变迁，外商投资谋求向国内中西部地区以及东南亚周边国家投资转移的趋势加强。我国沿海地区外商投资企业撤资、转移既是世界经济结构调整的重要表现，也是对中国外开放过程和中国经济发展过程中经济利益关系变化的必然产物。

对于以享受优惠政策和避税为目的的假外资的撤离，虽然对就业等会产生不利影响，但总体说来，这是回归我国利用外资本源的过程。对于盲目合资后中外双方产生利益冲突，外商撤资，也是正常的企业利益关系调整。对于竞争中本土企业挤出跨国公司，则属于市场竞争的结果，说明我国本土企业发展壮大起来。而由于国际竞争中我国沿海区位优势削弱，外商转移投资，撤离中国市场，如果规模加大，则会对我国社会经济、区域经济发展产生较大影响。我国需要利用区域二元结构的优势，进一步培植新的区位优势，争取沿海 FDI 向中西部转移，减少 FDI 撤离中国市场的数量。

本章将根据 FDI 区位选择决定因素和这些决定因素的变化，建立 FDI 撤离、外移的风险预警机制；从国家层面提出应对沿海地区 FDI 撤离和区位转移的战略措施；从区域层面提出沿海地区产业升级、内地承接沿海 FDI 转移的对策；从产业层面提出应对沿海地区 FDI 撤离和区位转移的对策；从企业层面提出在沿海 FDI 撤离、转移背景下延伸价值链和提升价值链层次的策略。

7.1 构建沿海 FDI 撤离、转移的风险预警机制

随着我国经济快速发展，要素禀赋的结构性变化以及产业结构的调整升级，利用 FDI 的区位优势会发生相应的变迁，尤其是沿海地区 FDI 撤资和区位转移的现象增加。在这种情况下，我国应考证不同类型 FDI 区位优势决定因素的变动，重新评估现有外资政策，提升并创造自己特有的区位优势，以保持对外商直接投资的持续的吸引力。针对东部沿海地区 FDI 的撤资，应继续保持一个持续稳定良好的投资政策环境，避免投资政策集中大幅度调整，保持对 FDI 的持续吸引力，发挥产业配套能力强的优势，提高 FDI 的根植性。同时，提升中西部地区尤其是中西部经济中心区利用 FDI 的区位优势，提供相应的优惠措施以承接吸收东部沿海地区 FDI 的转移。

1. 监测大型外资企业母公司的特征情况，建立撤资预警体系

实证研究表明，当外资子公司的母公司具有丰富的海外经验，全球化程度高及在该投资领域具有很强的竞争优势时，撤资变得十分容易。而具有这种特征的公司基本上都是上市的大型跨国公司，对于其特征情况的把握可以通过公司官方网站、企业年报、相关评估机构所公布的信息等渠道进行资料收集，及时了解其战略意图及在世界各地子公司的经营状况，留意该公司在国内产业中的发展状况，对于在本土化方面存在问题的公司，政府在确定其属于鼓励投资范畴后应加以引导，对于即将实施撤资行动的公司提前得以预判，通过与当地子公司、投资国母公司的沟通了解撤资具体原因，以制定具体应对策略，并与公司达成撤资步骤协议，以最小化其对社会、经济所带来的冲击。通过公共信息收集对于该类可能实施正常撤资的企业建立撤资预警体系，及时恰当应对。

2. 关注企业自身经营情况，商务部、外交部应构建共同反应决策平台

企业自身经营状况的好坏决定其撤资意愿的大小。研究表明，子公司在我国的自身经营状况越好，其撤资意愿就会降低，反之，则增高。而企业自身经营状况与其市场拓展空间、投资回报率、市场份额增长率、运营效率以及新产品开发能力有关，商务部应做好对于外商中小企业的管理工作，通过与行业协会、贸促会的合作及时掌握外商投资企业的经营动态，定时对每个产业的外商投资企业进行分析，梳理出已登记外商投资企业的经营状况，并进行排序，及时了解可能存在的不正常撤资，若观察到某一国别的中小企业大规模撤资，则应与外交部共同对该事件进行反应决策，由外交部出面与投资国政府交涉，而商务部则与中小企业负责人进行交涉，共同寻找解决撤资问题方案，帮助中小企业提高其治理状况，从而提升自身经营状况或了解其撤资情况，帮助被撤资当地政府制定相关政策或采取行为，以降低非正常撤资带来的风险。

7.2 留住核心制造环节，构建以我国为核心的全球生产网络

沿海地区纺织、服装、鞋类、箱包、家具、玩具、塑料制品等劳动密集型产业向海外转移的过程中，既有上下游配套企业的全产业链整体转移，也有核心制造环节转移，其不利影响正在显现。

（1）全产业链整体向海外转移容易导致产业空心化，影响经济增长和就业稳定。

沿海地区传统产业转移，加工制造优势削弱，而研发、设计、品牌和营销等环节存在短板，新兴产业发展处于起步阶段，难以在短期替代传统产业，容易导致产业空心化。20 世纪 90 年代台资企业全产业链外移导致台湾产业空心化便是前车之鉴。目前，沿海地区正经历结构调整的阵痛，对企业外迁的担心增多，如产业转移过快、过多，更会冲击就业，影响地区经济社会稳定运行。

（2）核心制造环节向海外转移，容易引发我国脱离全球价值链体系。

改革开放以来，我国通过承接全球产业转移，发展加工贸易，从东亚进口核心零部件，加工组装后，出口到美欧，成为东亚乃至全球制造业产业链条中重要一环，成为世界制造中心。核心制造环节外移，将影响我国在全球生产网络中的地位，冲击中国制造和实体经济发展。

（3）全产业链整体和核心制造环节向海外转移，影响我国传统产品出口和外商投资。

一是加工贸易占比减少，2013年我国加工贸易进出口占进出口总额的比重已降至32.6%，较2008年下降8.5个百分点；二是纺织、服装、鞋类、箱包、家具、玩具和塑料制品等七大类劳动密集型出口产品出口增速回落，占全国出口总额的比重由2008年的21.7%降至2013年的20.9%；三是广东、江苏、上海、北京、浙江、山东、福建等沿海七大省市外贸增长乏力，进出口额占全国的比重下降；四是出口订单转走，对制造业吸收外资形成压力。

为缓解沿海传统产业向海外大规模转移的消极影响，防止全产业链整体向海外转移，留住核心制造环节，构建以我国为核心的全球生产网络，须采取以下措施：

第一，把核心价值环节留住国内，以此为基础建立全球生产网络。在税收、金融政策上鼓励沿海企业把研发中心、管理中心和企业总部设在国内，把核心制造环节留住国内，延伸价值链条，形成国内高端价值链环节与转移到海外的价值链环节有机联系，控制全产业链整体向海外转移。同时，借鉴我国台湾的经验，组织产业集群化在海外投资，构建以海外华人企业为主体的全球生产网络。

第二，实施劳动密集型产业创新计划，巩固提升全球制造业中心地位。制定和落实针对纺织、服装、鞋类、箱包、家具、玩具和塑料制品业技术创新的财税、金融等鼓励扶持政策，通过技术创新，减少劳动密集型产品的国际替代性，掌握国际定价权。同时，实行沿海与内地差别化的加工贸易政策，支持竞争力强的加工贸易企业转型升级，缓解产业外移对出口、就业的冲击。

第三，应对短期结构性失业，建立产业外移与再就业、人力资源培育联动体系。从长期看，经济结构从制造业向服务业变动，有助于增加就业。2008 年国际金融危机后，部分新兴经济体和我国新增就业都有所提高就是例证。从短期看，产业外移会带来结构性失业问题。为此，沿海省市要加快成立专门机构，加大职业教育、专业人才培训等的援助力度，由中央财政出资、地方政府配合，针对产业转移后未随迁员工提供技能培训，帮助他们掌握新的劳动技能，实现再就业，减少产业转移中出现的劳资纠纷。

7.3　促进沿海 FDI 向中西部转移的对策

面对沿海地区 FDI 区位调整步伐加快的现实，一方面继续支持沿海发达地区 FDI 向沿海落后地区相对落后区域转移，另一方面降低沿海地区 FDI 向中西部内地转移的障碍，培育新的区位优势，促进沿海 FDI 向中西部转移，减少 FDI 向周边国家转移，实现国内产业梯度转移升级，继续保持我国制造业中心地位，无疑是较理想的选择。促进沿海 FDI 向内地转移，离不开政策支持。

7.3.1　正视我国二元经济的现实，避免工业化急功近利

我国是一个典型的二元经济国家，不仅存在着产业上的二元经济结构，发达的现代产业部门与落后的传统产业部门并存，而且存在着区域上的二元经济结构，发达的沿海地区和中心城市与落后的中西部、边远地区并存。与日本和“亚洲四小龙”不同，它们国内（区内）地理空间狭小，在成本高企后，劳动密集型制造业只能向海外转移。我国广大

的内地可以承接沿海劳动密集型制造业转移。

这种二元经济结构的特点决定了我国工业化进程的复杂性和长期性。在大量农村闲置劳动力从土地上转移出来、被非农产业部门吸收完毕之前，产业上的二元结构不会发生根本改变。农村闲置劳动力的转移过程绝非短期就能完成的任务，至少还需要15年左右的时间①。而农村劳动力转移的过程则与劳动密集型产业发展联系在一起，我国利用外资、发展劳动密集型产业，吸收了大量农村转移出来的劳动力，构成了独特的工业化道路。因此，我国劳动密集型产业仍然存在着巨大的发展潜力和空间。那种认为我国以加工贸易为主要形式的劳动密集型产业附加值低、在国际贸易中比较利益低，就简单排斥劳动密集型产业，排斥利用外资发展加工贸易，与中国国情是不相符的。

由于我国存在着区域上的二元经济结构，当沿海地区经济发展起来，加工贸易等劳动密集型产业的发展遇到巨大困难，沿海劳动密集型的外商投资企业谋求外移时，内地劳动密集型产业发展却存在巨大空间。产业能够在国内不同区域间转移，对于小型发展中经济体来说是做不到的，这是大型发展中国家所具有的优势，我国内地可以成为吸收沿海FDI转移的区域。

只有认识到我国特殊的国情，认识到利用外资发展劳动密集型产业的重要性，避免工业化中的急功近利思想，才能排除承接沿海劳动密集型FDI的顾虑，制定出大胆吸收沿海FDI转移的强有力的支持政策，促进沿海FDI内移。

---

① 我国农村4.9亿劳动力，18亿亩耕地，农业种植业中充其量需要1.8亿劳动力，而目前农村种植业以外吸收了约1亿劳动力就业，进城务工劳动力1.3亿左右，在金融危机冲击下已有2000多万农民工失业。我国每年有600万～700万农村劳动力需要转移出来进入非农产业，要消化上亿农村转移劳动力，在经济平稳正常运行条件下，需要10年左右的时间。

事实上，沿海加工贸易等劳动密集型产业和外商投资已经出现向内地转移的势头，地方政府和企业对此也都表现出了浓厚的兴趣。把推动沿海劳动密集型外商投资内移上升为国家战略，有利于形成社会共识，减少纷争，加快产业转移步伐；既可为沿海产业升级腾出空间，又能够推动内地工业化进程，促进大量农村劳动力转移就业。

7.3.2 实现东部沿海地区与内地经济良性循环

既要避免珠三角在产业转移中出现投资减缓，贸易订单转移，就业机会较少，产业空心化，经济增速下降，财政税收增幅降低，从而拖累全国经济平稳运行，又要促进珠三角等发达地区产业升级，实现珠三角等东部沿海发达地区与中西部地区的经济均衡发展，就必须顺应区域开放重心内移的趋势，推动珠三角等沿海发达地区劳动密集型制造业和加工贸易内移，这样，可以实现一石三鸟的效果：一是为珠三角产业升级腾出空间；二是加速内地工业化；三是为内地农村剩余劳动力转移和在非农产业就业创造新的机会。

珠三角只有在服务中西部开发开放的过程中，与中西部对外开放对接，努力为中西部对外贸易提供贸易订单服务、物流服务、投资服务、金融服务，提供法律、会计、咨询服务，提供技术研发、人才支持，甚至把管理中心留住珠三角，把生产基地内移，才能顺利实现转型升级目标，保障经济转型中的平稳过渡。

7.3.3 强化由中部省份承接沿海 FDI 转移

沿海劳动密集型制造业向外转移过程中，到底转移到哪里，与不同区域的成本差异直接相关。就国内的中部和西部对比，物流运输成本是

FDI转移所关注的重要因素，FDI向西部转移，要承担更高的物流费用，且西部地区的产业配套能力和企业配套能力、市场环境和体制环境等均处于下风，在区域竞争中，西部综合成本不具备优势，FDI跨越中部地区直接向西部转移是不现实的。如果我国区域政策不明确，容易造成中部、西部相互竞争的局面，导致外资转移分散，难以形成集群效应，会降低FDI内移效益，进而不可避免地导致一些外资选择南亚、东南亚等地区。这对我国是不利的。

为此，我国顺应沿海劳动密集型制造业FDI转移的趋势，明确主要由中部地区承接FDI内移，并制定相应支持政策，才是正确方向。

1. 在中部地区选择区域中心，形成承接沿海FDI转移的集群效应

推动沿海FDI向中部转移的关键在于形成聚集效应，降低FDI转移成本。FDI分散转移会造成企业过高的成本，因为分散在新区域的企业面临市场需求规模小，产业链不完整，区域企业整体配套能力不足，中间产品投入成本太高，社会管理费用和基础设施费用由少数企业承担，导致外部不经济。为此，促进沿海FDI内移的政策不能像撒胡椒面，而应该致力于培育中部区域中心，作为承接沿海FDI产业转移的核心区域。在区域中心实行倾斜政策，降低FDI投资成本。目前，中央已经决定武汉城市圈、长（沙）株（洲）（湘）潭城市群为国家资源节约型和环境友好型社会建设综合配套改革试验区，重庆为国家统筹城乡综合配套改革试验区，这些经济区域通过配套改革开放形成吸引沿海FDI产业转移的中心，可以产生产业聚集效应，减少单个企业转移的成本。

在此基础上，政府还可以通过以下手段进一步降低FDI转移成本：一是“筑巢引凤”，为转移来的外商投资企业搞好基础设施建设，降低FDI迁移成本；二是“引凤筑巢”，为先期转移来的FDI提供政策优惠，使之获得较高投资收益，吸引其他投资者进入；三是由政府组织大规模的集体迁移，避免单一企业迁移产生过高的成本。

2. 在中部地区培育完整产业链，提高企业配套能力

目前，我国中部地区产业配套能力不足，制约沿海 FDI 内移。而印度、越南等周边国家实行吸收 FDI 发展制造业的措施时间还不长，产业链还很不完善，企业之间、产业之间的配套能力也很薄弱，这给我国中部地区吸收沿海 FDI 提供了机会。

中部能否吸引沿海 FDI，很大程度上取决于能否出现产业集群，形成相对完善的产业链。只有在主导产业出现集群现象的时候，配套产业才具有规模效应，才有动力向主导产业聚集区靠拢，形成完整的产业链；反过来，只有企业配套能力、产业配套能力强，投资软硬环境优良，才能吸引主导产业形成集群。

中部地区在创造良好投资环境、承接沿海 FDI 转移过程中，必须充分利用当地原有产业基础，在吸引主导产业进入的同时，注意吸引上下游配套产业，大力发展民营经济，利用民营经济与市场契合度高的特点，迅速形成产业配套能力。

3. 在中部地区努力降低 FDI 投资成本，提高投资回报率

在沿海地区 FDI 转移中，劳动密集型的加工贸易占有最大比重。只有降低中部地区加工贸易等的成本，才能吸引沿海 FDI 内移。物流运输成本是加工贸易成本的重要组成部分，推动物流业发展，减少乃至取消道路收费，规范运输市场秩序，是降低物流运输成本的可选手段。劳动力成本是劳动密集型产业经营成本的重要内容，中部地区必须努力消除劳动力流动的障碍，促进就业竞争，并增加政府在提高劳动者技能和就业能力方面的投入，保持劳动力成本的竞争优势。土地成本也是加工贸易成本的重要内容，中部地区政府应该控制投资经营用地价格过快上涨。

此外，大力改善基础设施，提供廉价的公共产品，加快体制改革，提高政府服务水平和效率，提高市场化程度，谋求金融创新，提高金融配套和金融支持能力，也有利于降低 FDI 成本，提高 FDI 回报率，增强对沿海 FDI 内移的吸引力。

7.4 加强东亚区域经济合作，实现价值链升级

从长期看，内地劳动力成本也具有上升趋势，发展劳动密集型产业的比较优势也会变迁，在 FDI 撤离和区位转移中，必须顺应劳动密集型产业和生产环节区位转移规律和全球价值链的国际转移趋势，在国际产业分工中，积极推进国内产业结构调整过程中将一些劳动密集型产业和生产环节转移到国外，推动资本、技术密集型产业发展；在产品内分工模式下，强化承接高端生产环节的外包，低端的劳动密集型生产环节适度外移，实现价值链升级和比较优势的动态转化，促进经济结构转型升级。

从劳动密集型向资本密集型转化，会遇到资本价格高企的约束，必须加快金融体制改革，发展多元金融主体，使非正规金融正规化，形成真正的竞争性金融市场，降低企业融资成本。从劳动密集型向技术密集型转化，会遇到美欧等发达国家的激烈竞争，以及企业技术创新能力不足等的约束，必须加快体制改革，完善创新环境，降低创新成本，提升创新收益。

要实现价值链升级，占据价值链高端，必须加强价值链整合，在沿

海地区劳动密集型产业和生产环节外移中，深化与其他国家尤其是东亚国家的经贸合作，形成中国与其他国家间上下游的价值链体系，并密切跟踪第三次工业革命的趋向，加大国家对新技术的基础研究投入，推动新技术的应用，在深化对外开放中，加强国际经济技术合作与交流，鼓励中外联合进行新技术研发，加大知识产权保护力度，塑造创新的制度环境，鼓励企业技术研发投入，改革教育体制，形成创新型人才培育机制，全方位推动技术结构升级。推进“一带一路”建设，加强与亚太地区、欧洲地区及非洲地区的联系，借助既有的、行之有效的区域合作平台，为我国引资结构调整开拓新空间，注入新活力。

参考文献

［1］鲍洋．“金砖国家”引进 FDI 潜力指数比较研究［J］．东北财经大学学报，2012（2）．

［2］曹晓蕾．跨国公司撤资问题探讨——以在华韩资企业为例［J］．国际贸易问题，2007（2）．

［3］陈继勇，黄蔚．外商直接投资区位选择行为及影响因素研究［J］．世界经济研究，2009（6）．

［4］陈建军．中国现阶段的产业区域转移机制及其动力机制［J］．中国工业经济，2002（8）．

［5］范宇新．跨国公司撤资动因研究：以在华韩国企业为例［J］．产业经济评论，2009（2）．

［6］高昊，杨琴，周洪美．中国省级政府绩效测评体系构建及实证分析［J］．经济体制改革，2013（1）．

［7］黄肖琦，柴敏．新经济地理学视角下的 FDI 区位选择［J］．管理世界，2006（10）．

［8］胡兴球．跨国公司在华撤资动因分析［J］．国际贸易问题，2004（12）．

［9］江小涓，王迎新，杨来科．我国外商投资梯度转移问题研究

[J]. 中国工业经济, 2004 (4).

[10] 姜岩. 理性看待跨国公司从中国撤资 [J]. 中国外资, 2004 (2).

[11] 李立新, 金润圭. 在华外商不同来源体 FDI 区位因素比较分析 [J]. 中国软科学, 2002 (7).

[12] 李优树. 国际直接投资中的撤资问题探讨 [J]. 当代财经, 2003 (12).

[13] 李玉梅. 全球 FDI 区位转移的规律及对我国的启示 [J]. 山西大学学报, 2012 (4).

[14] 刘明霞. 创造性资产寻求型 FDI: 发展中国家跨国公司的新趋势和新挑战 [J]. 财贸经济, 2009 (4).

[15] 吕波, 王水娟. 产业演变对跨国公司撤资的影响研究 [J]. 求索, 2007 (10).

[16] 马全军, 马勇. 国际直接撤资问题浅析 [J]. 国际贸易问题, 1997 (4).

[17] 毛蕴诗, 蒋敦福, 曾国军. 跨国公司在华撤资——行为、过程、动因与案例 [M]. 北京: 中国财政经济出版社, 2005.

[18] 裴长洪, 杨志远. 实现我国外商投资的新跨越 [J]. 国际贸易, 2011 (9).

[19] 桑百川. 中国沿海外商直接投资外移趋势分析 [J]. 当代亚太, 2009 (3).

[20] 桑百川, 王拾. 外商撤资的原因与演变趋势 [J]. 国际经济合作, 2007 (11).

[21] 宋纪宁. 跨国公司在华子公司撤资动因实证分析 [J]. 当代财经, 2010 (5).

［22］宋敏，王水娟．国际资本撤资的动因及演化路径分析［J］．现代经济探讨，2008（8）．

［23］舒莎．跨国公司撤资理论综述［J］．经济研究导刊，2009（24）．

［24］徐艳梅，李玫．外商对中国直接投资减撤：影响、成因及对策［J］．学习与探索，2002（6）．

［25］魏后凯，贺灿飞，王新．外商在华直接投资动机与区位因素分析［J］．经济研究，2001（2）．

［26］文东伟，冼国明．垂直 FDI、区位选择与工资差异［J］．南开经济研究，2009（6）．

［27］吴波，傅志明．我国吸引外资的政策选择与效果分析［J］．经济问题探索，2009（6）．

［28］吴颂，吴显涛．金融危机背景下的国际产业转移特点和趋势［J］．学术论丛，2009（13）．

［29］杨宇光，刘夏明．当代国际直接撤资理论探讨［J］．世界经济研究，1995（4）．

［30］于学花，栾谨崇．中国外商直接投资中的撤资问题探析［J］．亚太经济，2011（4）．

［31］自东放，徐艳梅．跨国公司撤资的实证研究［J］．统计研究，2006（2）．

［32］张鲁青，桑百川．我国东部、中西部及周边国家 FDI 区位优势比较［J］．国际经济合作，2009（12）．

［33］张燕生．国际产业转移对中国经济的影响［J］．国际经济评论，2007（6）．

［34］张二震，任志成．FDI 与中国就业结构的演进［J］．经济理论

与经济管理，2005（5）.

［35］张毅，刘志学．跨国公司在华投资战略演进路径分析［J］.管理世界，2008（11）.

［36］张自如．当前国际产业转移的背景、特点及效应分析［J］.经济论坛，2008（6）.

［37］邹春霞，王海鸥．外资撤资对发展中国家的影响［J］. 亚太经济，2000（1）.

［38］Beynon，H.，Hudson. Place and Space in Contemporary Europe：Some Lessons and Reflections［J］. *Antipode*，1993，25（3）：177 –190.

［39］Benito，Gabriel R. G. Divestment and international business strategy［J］. *Journal Economic Geography*，2005，5（2）：201 –234.

［40］Boddewyn，J. J. Foreign and Domestic Divestment and Investment Decision：Like or unlike? ［J］. *Journal of International Business Studies*，1983，14（3）：23 –36.

［41］Casson，Mark C. The Case for a European Licensing System［J］. *Lloyds Shipping Economist*，1986，8（10）：6 –10.

［42］Clarke，C. J.，Gall，F. Planned Divestment – A Five – Step Approach［J］. *Long Range Planning*，1987，20（1）：17 –24.

［43］Davis，J. V. The Strategic Divestment Decision［J］. *Long Rang Planning*，1974，7（1）：15 –18.

［44］Dunning，J. Eclectic Paradigm of International Production：A Restatement and Some Possible Extensions［J］. *Journal of International Business Studies*. 1988，19（1）：1 –31.

［45］Duhaim，I. M.，Grant，J. H. Factors Influencing Divestment Decision – making：Evidence from a field Study［J］. *Strategic Management*

Journal, 1984, 5 (4): 301 -318.

[46] Hamilton R. T. , Chow Y. Why Managers Divest - Evidence from New Zealand' s Largest Companies [J]. *Strategic Management Journal*, 1993, 14 (6): 479 - 484.

[47] Harrigan, K. R. Strategies for Declining Business [M]. Lexington: Lexington Books, 1980.

[48] Jagersma, P. K. , van Gorp, D. M. International Divestments - An Empirical Perspective [J]. *Business Horizons*, 2003, 46 (6): 61 -70.

[49] Markides, C. Diversification, Refocusing and Economic Performance [M]. Camdrigde, MA: MIT Press, 1995.

[50] Pike, A. Building a Geographical Political Economy of Closure: The Case of R&DCo in North East England [J]. *Antipode*, 2005, 37 (1): 93 -115.

[51] Porter, Michael E. Please Note the Location of Nearest Exit: Exit Barriers and Planning [J]. *California Management Review*, 1976, 19 (2): 21 -33.

[52] Roberts, B. , Thompson, S. Entry and Exit in a Transition Economy: the Case of Poland [J]. *Review of Industrial Organization*, 2003, 22: 225 -243.

[53] Rojec, M. and Damijan, J. Relocation via Foreign Direct Investment from Old to New EU Member States Scale and Structural Dimension of the Process [J]. *Structural Change and Economic Dynamics*, 2008, 19: 53 -65.

[54] Shapiro, D. and Khemani, R. S. The Determinants of Entry and Exit Reconsidered [J]. *International Journal of Industrial Organization*,

1987, 5 (1): 15 – 26.

[55] Siegfried, J. J. and Evans, L. B. Empirical Studies of Entry and Exit: a Survey of the Evidence [J]. *Review of Industrial Organization*, 1994, 9 (2): 121 – 155.

重要术语索引表

Q

S

W

X

Y

Z